できる人、採れてますか？

いまの面接で、「できる人」は見抜けない

ワトソンワイアット(株)
川上真史

(株)アトラクス ヒューマネージ
齋藤亮三

弘文堂

まえがき

私自身、人事に関するさまざまな領域のコンサルティングを実施しているが、そのなかでも「採用」という領域は特殊性を感じることが多い。正直にいえば、「手法が確立されているような気もするし、一方でまったくいい加減であるような気もする」という印象を持ってしまうのである。

例えば成果主義的な評価論となると、その考え方、理論について自信を持って語れる人事担当者はそう多くはないが、採用に関しては、多くの採用担当者が一家言を持っている。

しかし、その一方で、採用担当者からよく受ける質問として、「五つくらいの問いかけにＹｅｓ、Ｎｏで答えてもらえれば、それだけで採用すべき人材かどうかがわかるような質問はありませんか？」

という、きわめて安易なものがある。このような質問は採用担当者のほかにする人はいないだろう。営業の人が「五つくらいのチェックリストで顧客をチェックすれば、それだけで売り方がわかるようなものはないか」などとは考えないはずだ。

つまり、「採用とはこうあるべき」「こんな人材がこれから必要な人材である」などの概念論はかなりはっきりとあるようなのだが、一方で、「では、どうやってそのような採用を実現するのか」「どうやってそのような人材を見分けるのか」というＨｏｗ ｔｏのところになると、ほとんどが経験則や自己流になっているのが採用の実態なのである。

確かに、世のなかでは、採用に関するＨｏｗ ｔｏ本も多く出されている。

しかし、どちらかというと、〝面接を受けに来た学生の「嘘」をどうやって見抜くのか〟というテーマが中心である。その見抜き方を読んだ学生のほうは、その見抜き方に見抜かれない話し方を考えようとする（というようなややこしい状況が採用の現実なのである）。

このような採用に何か意味があるのだろうか。

「この人はこんな嘘をついている」ということを見抜いたところで、その人の本質的な特徴がわかるわけではない。嘘を見破られずに面接を潜り抜け、その企業に就職したとしても、そこで活躍できるはずがない。

そろそろ日本の採用を意味のあるものに変えたいと思う。

学生のほうは、自分の特徴を事実どおりに話し、企業側はその特徴を正確に理解し、その特徴を活かせる場が自社にあるのかどうか、その特徴をさらに伸ばせる機会が自社にあるのかどうかを判断する。こんな採用が実現できてくれば、日本の人材力はもっと高まってくるのではないか。

今、あきらかに日本の企業は人材不足である。それを中途のキャリア採用で補おうと考えても限界がある。そもそもどこの企業も人材不足なのだから、そこから人を採っても、結局は同じようなレベルの人しか来ないはずだ。それよりは、新卒の人材を採用し、5年、10年かけて育てることのほうが遠回りのようで、実は近道なのかもしれない。

すでに癖がついてしまった人を変えるよりも、何もない人をゼロからきちんと育てるほうが労力も少なくて済むだろうし、前向きで楽しさがある。

そのような「育てがいのある人材を採用する」ためには、また学生のほうから見ると「育てられがいのある企業を選ぶ」ためには、もっとお互いに正直になり、オープンな採用を実施する必要がある。

本書では、そのような採用に関するＨｏｗ ｔｏを紹介したいと思う。そのことが日本の採用を正常化させ、人材力の向上に少しでも役に立てば幸いである。

タワーズワトソン　川上　真史

目次

第3章 アメーバ増殖型人材を採用するために必要な視点――29

第④章 「できる人」を見極める面接方法とは何か――51

コンピテンシー面接ならば成果の再現性までわかる

第5章

コンピテンシー面接の進め方――69

第⑥章 受験者をしっかり見抜くための注意点――91

編集協力　松田尚之

第1章

会社の10年後の競争力は新卒採用で決まる

新卒採用で重要なのは、10年後に必要な人材を採用すること

●新卒採用の原点とは何か●

新卒採用の本質的な課題とは何か。まず最初に、あらためて原点に立ちかえって考えてみたい。このテーマを考察するうえでは、当然のことながら「現在、そして未来の企業の姿」および「そこで求められる人材像」についての分析が必要だ。したがって、やや視野を広げて、状況を見ておこう。

〝終身雇用が人事制度の大前提である時代〟は、終わりのときを迎えた。それに伴い、従来型の人材マネジメントが揺らぎ、経営に柔軟性が求められるようになった一方で、労働市場の流動化は大きく進んだ。

これがこの10年の日本企業の人事雇用の特徴的な変化である。新卒採用という枠組みで見ると、かつてはあくまでも新卒採用の補助的な位置づけにあったキャリア採用（中途採用）を質量ともに充実させ、制度化する企業が急増している。これも、前記の変化のあらわれの一つといえるだろう。

一般的に、キャリア採用の狙いは〝即戦力〟の獲得にある。

「まさに今、直面している経営課題に対応する質の高い人材を採用したい」――。

変化のスピードが速く、競争が激化する時代に、こうした企業側の要請が強まるのは不可逆ともいえるだろう。何の経験も持たない学生を新卒で採用し、時間をかけて育てるより、一定のキャリアを積んだ人材をどこかから引っ張ってきたほうが話が早いのも一面の真理だ。

●重要性が増す新卒採用●

では、現在から未来の人材マネジメントにおいて、新卒採用の重要性は低下してきているのだろうか。答えは断じて「NO」である。それどころか、**今すぐにしっかりした新卒採用に取り組むことこそが、将来の勝ち組企業となるための必須要件**ともいえるだろう。

なぜ新卒採用がそれほど重要なのか。コスト的な側面については後述するとして、ここではより直截的な意味から述べてみたい。

結論から言おう。

新卒採用の最大の目的、およびその意義は、**「10年後に必要となる人材を採る」**ことにある。ここに注目し、いち早く手を打てるかどうか。ここにそれぞれの企業の未来の興亡がかかっているのである。

以下、順を追って解説しよう。

10年後に勝ち残る企業

●10年後の企業像とそこで求められる人材●

経営の視点から、あるいは企業組織の視点から見たとき、現代は、近い未来、例えば10年後の自社の姿を想像することは非常に困難な時代となってしまった。

しかし、企業活動は、「ゴーイング・コンサーン」が大原則であり、将来について継続的に活動の見通しが立っていることが望ましいのはいうまでもない。

そこであえて、10年後に生き残る、勝ち残る企業とはどのような企業なのか、予測を試みてみよう。単にあてずっぽうの予測では意味がないが、すでに企業の目の前で起きている「先取りされた未来」を観察することで、ある程度精度が高いと考えられる見解が多くの専門家により導き出されている。

ここから逆算すれば、「求められる人材像」および「現在における新卒採用の意味」も見えてくるはずである。

専門家による見解を分析するに、10年後に生き残る企業は、大きく「**仕組み創造型**」と「**アメーバ増殖型**」の組織モデルに大別されると考えられている。

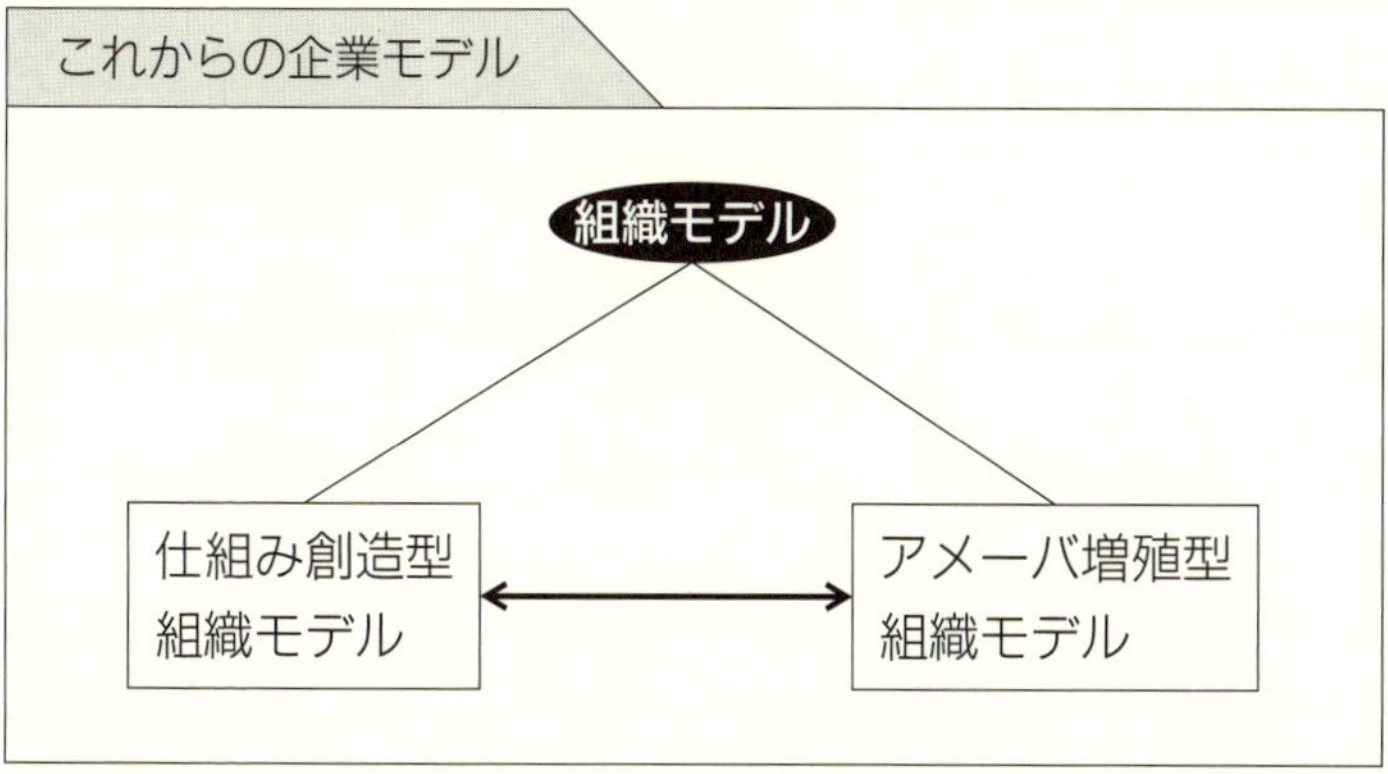

この二つは、あらゆる意味で対極的な存在だ。

●仕組み創造型の組織モデル●

まず「仕組み創造型」の組織モデルを持つ企業の特徴を考えてみよう。

これは、ある一つの完璧なビジネスモデルを完成させ、あとはそれをオートマティックにまわしていくだけで収益が上がってくる経営のあり方だ。

現存する企業で典型的な例といえば、ファストフードの業界をイメージするのがわかりやすい。この業界では、グローバルな生産・流通システムから、店舗のマネジメント、アルバイトの接客まで、ビジネスの川上から川下すべてにきっちりしたマニュアルが完備されている。それを大きく変化させることなく微調整し維持していくだけで、商売が成り立つパターンである。

●アメーバ増殖型の組織モデル●

一方、「アメーバ増殖型」の組織モデルを持つ企業の特徴は、「仕組み創造型」とはまさしく正反対だ。

こちらの企業には、固定的なビジネスモデル、きっちりした組織形態が何もない。そこにある重要かつ最大の経営資源は、ただ「人材」だけなのである。ただし、この人材は、ただの人材ではない。いわゆるハイパフォーマー、莫大な成果を次々と生み出し、自己増殖し続ける人材なのだ。

こちらの例としてはIT領域のベンチャー企業やゲーム業界などを思い浮かべればわかりやすいだろう。

「仕組み創造型」と「アメーバ増殖型」は、いわば仕組みに依存するか人材に依存するかの違いともいえる。むろん業種業態による細かい事情を考えに入れる必要はあるが、10年後に生き残る企業の条件としては、このいずれかに特化することが必要だと多くの専門家は考えているのである。中途半端が一番まずいといえるだろう。

「仕組み創造型」で成功する難しさ

●仕組み創造型はナンバーワンでなければならない●

ところが、この生き残り、勝ち残りのための二つの戦略のうち、「仕組み創造型」を目指すには、非常に大きな制約がある。その制約とは、業種業態でナンバーワンにならなければ生き残ることができない、ということだ。すなわち、**「仕組み創造型」で成功するのは、業界でトップ企業一社だけ**なのである。

先述したファストフード業界の例で見てみよう。

おそらくファストフード業界のナンバーワン企業では、そのスケールメリットを活かし、世界一低いコストで原料を調達し、商品を製造することが可能になっている。同様に、世界中に出店し、現地でもっとも安い労働力を使って店舗運営をすることもできる。だからこそ、ファストフード業界は従来に比べ飛躍的に安い価格で営業をし始めているのだ。

「モノやサービスを徹底的に標準化することによって、むきだしの低価格競争に持ち込み、ナンバーワンになる」——。

これが仕組み創造型ビジネスを展開するうえでの最大の戦略といえるだろう。そして、一度こういう構造ができあがってしまうと、ファストフード業界でトップ企業が逆転する可能性は限りなくゼロに近くなる。なぜなら、少なくとも、マスの部分でトップ企業に勝負を仕掛けても、勝ち目はないからだ。

「仕組み創造型」のビジネスが成り立つのは、一つの業種業態で一社、ナンバーワンを取った企業しかありえない理由がおわかりいただけただろうか。しかも、特にこれからのグローバル競争の時代においては、国内市場でナンバーワンであっても国際競争に敗れる危険性はきわめて大きい。ナンバーワンであり続けるためには、世界でナンバーワンにならなければならないのだ。

●目指すべきは「アメーバ増殖型」●

以上のような制約が「仕組み創造型」に課されているということは、大多数、ほとんどすべての企業にとって、10年後の生き残りを目指すための戦略は、事実上一つしかないことになる。

すなわち、もう一つの戦略である「アメーバ増殖型」の組織モデル、ビジネスモデルを確立することだ。それを可能にするためには、何をおいても**「アメーバ増殖」ができる人材が必要となる**のだが、そんな人材は、そうそうどこにでも転がっているわけではない。

コンサルタントとして数多くの企業を実際に見てきたわれわれの経験からいえば、「アメーバ増殖」が可能な人材は、ほぼ一〇〇〇人に一人しかいない。当然こうした人材はどこの企業も欲しいわけだから、奪い合いになる。

本書の冒頭で、新卒採用の最大の目的、および意義は、「10年後に必要となる人材を採ることにある」と述べた。ここでいう「10年後に必要となる人材」こそが、「アメーバ増殖」が可能な人材のことなのである。

現代のように先行きが不透明な時代において、合理的に将来を見通すことは非常に難しいだろう。ということは、固定的な計画を後生大事に忠実に実行していくことしかできない「仕組み創造型」の人材をかかえることは、企業にとって実はリスクが非常に大きい。逆に、常に柔軟に、さまざまな状況のなかでネットワーク的な関係性からビジネスを創出していける「アメーバ増殖型」の人材が、この時代に勝ち残ろうとする企業にとって必要なのである。

この点については、また別の章で詳しく述べる。

なぜ新卒採用で「アメーバ増殖可能な人材」を採るべきなのか

●アメーバ増殖型を新卒で採用する●

「アメーバ増殖」でビジネスをつくっていける人材が欲しいと考えるならば、「すでにアメーバ増殖型の仕事で成果を出した経験があり、今後も同様の成果を出すであろうと予測できる人材」を中途採用する、あるいはヘッドハンティングしてくることが一番手っ取り早く、かつ確実性が高いはずだ。

しかし、当然のことながら、かつて「アメーバ増殖型」のビジネスを現実のものにしてきた経験を持つ人材は、大不況下でも（あるいは大不況下であるからこそ）転職市場で高く評価される。換言すれば、高い市場価値を持つわけだ。希少価値のある商品に高い値段がつくのは、労働市場でも同じことである。

結果的に、こうした人材を中途採用で獲得できる企業はきわめて限定されてしまう。

しかし、新卒で採用した人材を「アメーバ増殖型」に育てていくことが可能なら、圧倒的に多くの企業にチャンスが広がることになる。

●〝アロワナ採用〟をしよう●

アロワナという独特の風貌を持った観賞魚をご存知だろうか。中国では「龍の化身」ともいわれるほど見事な容姿をしており、現在、アジアアロワナの成魚はショップの店頭で、一尾数十万円で取り引きされるのが相場となっている。

ところがこのアロワナも、稚魚はさほど高価ではない。よって多くの「アロワナ通」「アロワナマニア」は、安い価格で稚魚を買ってきて、それを自らの手でいかに立派な成魚に育てるかに心血を注ぐ。しかも、「この稚魚は、うまく育てれば間違いなくすばらしい成魚になるだろう」と間違いなく予測できるのだ。

企業の人材採用、人材育成についても、これと同様な考え方をするべきなのである。「すでにアメーバ増殖型の仕事で成果を出した経験があり、今後も同様の成果を出すであろうと予測できる人材」とは、いってみれば「大きく、美しく育ったアロワナの成魚」のようなものであり、こうした人を採ってくる（市場から調達する）のは、莫大なコストがかかる。

ならば、**新卒採用において、将来「アメーバ増殖型」の人材に育つ要素を持つ人材を確保し、適切な方法で育成、能力開発を行うことが、もっとも費用対効果がいい。**

こうした「新卒アロワナ採用」で、「アメーバ増殖型」の人材の採用を積極的に進めていくことが、人材マネジメント全体の大きなテーマとして浮上してきているのである。

新卒採用とは、「投資」である

●ブラックボックスのなかでの採用はもうやめよう●

今日、多くの企業が、人材マネジメントを経営上の重要課題に位置づけ、評価、給与、資格等級制度など、さまざまな取り組み、改革に着手している。

しかし、人事の根っこであり、川の流れの最上流である「新卒採用」の位置づけは必ずしも高くなく、改革の手を打たない企業が多い。

例えば成果主義を導入し、人事考課の仕組みを変えるとなれば、プロジェクトリーダーには人事担当役員が就任し、メンバーにも管理職がずらりと並んで、侃々諤々《かんかんがくがく》の議論が展開されるのが一般的だ。

ところが新卒採用に関しては、せいぜい現場の課長レベルがリーダー、実務は入社数年目の若手が中心になって、基本的には従来の方法を踏襲しながら、毎年、小手先の手直しを加えていくのがせいぜいという企業が多い。むしろそこまでの意識すらなく、漫然と旧態依然の方法を毎年繰り返すだけの企業がほとんどともいえる。

なぜ新卒採用の改革は進みにくいのか。

その背景には、「新卒採用はリスクが低い業務だ」という考え方があるように思われる。

しかし、これは明らかな誤解だ。

それにしても、**新卒採用ほど担当者の結果責任が問われない業務も珍しい**のではないだろうか。仮に企業の業績が伸び悩んだとしても、そこで新卒採用担当者の責任が明示的に問われたという話はあまり聞いたことがない。新卒採用で、だれをどのような理由で採用したのか（あるいは、どのような理由で不採用にしたのか）は、事後的に、社内でも、あるいは応募者である学生にも明らかにされないし、それが当然のことと受け止められている。

要は、すべてがブラックボックスのなかで完結しており、検証が行われぬままになっているのである。こんなおかしな話はない。

●投資効率を意識した採用を●

もう一度よく考えてほしい。

仮に大学卒の新入社員を30人採用したとすれば、初年度の給与だけで1億円程度になる。10年単位で考えれば、十数億円から数十億円の人件費がこの人たちに投じられる。何らかの設備（モノやシステムなど）にこれだけの金額を投入しようとしたら、慎重に慎重を重ねたうえでの経営判断が当然なされるだろう。ところが、こと人材に関しては、きわめてルーズな議論しかなされぬまま、湯水のごとくお金が注ぎ込まれてしまう。

いうまでもないことだが、**新卒採用は、企業にとって非常に重要な「投資」なのである。**メーカーの生産ラインに新しい機械が投下されるのは、それが商品を生み、将来大きな利潤を生むと考えられるからだ。

人材に関しても、考え方はまったく同じである。投資である以上、必ずそれ以上の回収がなければ、経営として成り立たない。もう一度この点をシビアに確認する必要がある。

それでは、ブラックボックスの闇のなかにあった新卒採用を、「10年後に必要な人材への投資」という観点からどのように改革していくのか。

次章以降では、そのための具体的な提案について述べていくことにする。

第2章

間違いだらけの従来型新卒採用

採用方法に「戦略」がない従来型新卒採用

●採用への不満がありながら改革できない企業側●

第1章では、新卒採用の重要性とその課題を、「10年後に必要な人材を採用すること」というポイントから述べてきた。具体的には、将来にわたり、「アメーバ増殖型」のビジネスをつくっていく要素を持った人材を積極的に採用していく必要があることを確認した。

しかし現実には、新卒採用にこうした観点が貫かれている企業は、けっして多くない。従来から漫然と継承されてきた新卒採用の方針、および具体的な選考の方法に従っているか、あるいはそこに漠然とした不満を持っていながら、改革の手段が見つかっていない企業が大半を占めている。

では、新卒採用をどのような形式にすれば、「アメーバ増殖型」の人材を採用できるようになるのか。

その実現のためにわれわれは、そこに、コンピテンシーを活用した新卒採用と面接の進め方（以下、コンピテンシー採用）をとりいれることを提案する。これこそが、まさに企業の未来を切りひらく人材マネジメントの要点であり、現在、すべての企業経営者が最重点に取り組むべき課題の一つなのである。

コンピテンシーとコンピテンシー採用についてはのちに詳述することとして、まずここで従来型の新卒採用のどこに問題があるのか、その分析からはじめることにしよう。

●現状の採用方法のどこが問題か●

人事・採用コンサルタントとしてさまざまな企業の新卒採用を実際に見てきた経験からすれば、従来型の採用を行っている企業は、その基本方針、さらに具体的な手法、ともに重大な問題をかかえているといえる。例えば、以下のような新卒採用をしている企業が非常に多いのである。

★採用にあたっての基本方針は、「優秀な人物を採る」こととする。
★選考方法については、既存の各種検査（ペーパーテストほか）の結果、あるいは面接時に「志望動機」「学生時代の体験」などを確認し、総合的に勘案する。

まず問題なのは、「優秀な人物」というときの〃優秀さ〃の基準である。この設定が不適切だったり、そもそも明確な基準がない（担当者の主観、あるいは学歴だけしか見ていない）ことが多い。あるいは、「優秀さ＝頭の良さ」という観点から抜け出すことができず、企業にとって必要な人材とは何か、という肝心の課題との接点がうまくとれていないケースもしばしば見られる。

●雑談では何も見えてこない●

同時に、実際の選考にあたっても、こういう人材が欲しいからこの観点で評価する、といった戦略が存在していない。評価を外部の基準に完全に預けてしまう、あるいは評価者の主観的な印象に頼る。このような形態の採用活動では、仮に意見が割れると、社内的に政治力がある評価者の「好み」といった程度の理由で、採用者が決まってしまう。こうした歪みが繰り返されると、採用に関する取り組みが何ら蓄積されていかないのである。

面接時に、志望動機や学生時代の体験を尋ねること自体に問題があるとはいわない。しかし、何のためにその質問を投げかけ、回答のどこをどう評価するかを明確に意識していないのであれば、それは採用のための面接ではなく、単なる雑談にすぎない。

●「狐と狸の化かしあい」的採用選考はお互いの不幸●

一方で、就職を控えた学生たちは、しっかりと採用選考対策を練ることに余念がない。書店の就職試験対策のコーナーや、インターネット上の採用情報掲示板などを覗いてみれば、ペーパーテスト対策から個別企業の面接方法の詳細など就職に関する情報が、驚くべき速度で学生たちに共有されていることがわかるだろう。

とおりいっぺんの採用選考はすでに学生たちに「見透かされて」いるのである。学生たちの就職活動に対するスタンスにも問題があろうが、あえていえば、簡単に対策を練られてしまう程度の評価や尺度しか持てずにいる企業側にこそ、大きな問題があるのではないだろうか。残念なことに、こうした状況が進行するにつれ、採用選考を行う企業側にも、就職活動をする学生側にも、「しょせん採用の場は狐と狸（企業と学生）の化かしあい」といったネガティブな諦めの感情が生まれつつあるのが今日の現状だ。

企業は、

「どうせ学生は表面だけをとりつくろって、会社にもぐりこんでしまえば勝ちと思っているのだろう」

と考える。よって、選考の場においても、客観的には何の意味もない学生いじめ的な方法をとってしまう。

一方、学生側は、そこまでも織り込み済みで対策を立てながらも、そんな企業の姿勢に内心幻滅し、バカにしている。

「こんな陰険な採用しかできない会社に入って、自分の人生を売り渡すのか」

と考え、職業人生への意欲を失っていってしまう。

企業と学生のお互いの最初の出会いが、このように最初から疑心暗鬼の性悪説に立っているのだとすれば、これほど不幸なことはない。大きな意味でいえば、社会的にも大変な損失だ。

●情報化時代の恐さ●

反対に、しっかりした採用選考のポリシーと手法を持つ一部の企業は、あっという間に学生の間に良い評判が広がるのが現代のような情報化社会の特徴ともいえるだろう。採用不採用の結果にかかわらず、自分という人間を深く理解し、評価してくれた企業に対する学生の好感は、おそらく企業側の思惑以上に強いといえるだろう。

結果的に、こうした企業には高いレベルの学生が集まるという循環が生まれてきている。

こうした側面からも、新卒採用改革に一歩先んじることの重要性がおわかりいただけるだろう。

圧迫面接はなぜ意味がないのか

●「いい面接ができた」という誤解●

このような「狐と狸の化かしあい」的採用の弊害を払拭するのが、われわれが提唱するコンピテンシー採用である。

コンピテンシー採用の大きな特徴は、面接時の手法である。

その特徴を明らかにするためにも、まずは、従来型の選考ではどのような面接が行われてきたか、あるいは行われているのかを確認しておこう。

従来型の面接における典型的な質問例は「志望動機」「学生時代の体験」などであるが、学生たちはあらかじめその種の質問に対する回答を用意して面接の場に臨んできている。

ゆえに当然ながら、まず志望動機を学生に尋ねた場合、学生は非常に論理的に組み立てのしっかりした答え方をすることがほとんどだ。

「私は学生時代にこういうゼミでこういうことを学びました。その中で、こういう仕事でこうすることで社会に貢献でき、自らもいきいきと働けると感じました。ゆえに、こうした事業を積極的に展開している御社にぜひ入社したいと思います」といったように。

そこで面接官の対応は大きく二つに分かれる。

一つは、素朴に感心してしまう、あるいは予定調和の回答となかば知りつつ、それ以上突っ込んだ質問が出てこないパターン。もう一つは、何とか学生のボロを出してやろうと、いわゆる圧迫面接で追い討ちをかけるパターンである。

前者はむしろ罪がないのだが、問題は後者のほうだ。そして、圧迫面接によって、採用担当者が「いい面接ができた」と思ってしまっているケースが非常に多い。しかし、これはまったくの誤解なのである。

●相手を圧迫する面接には意味がない●

圧迫面接とは、無理難題をふっかけたり、盲点をついたり、相手の主張の根拠となる思い込みをひっくりかえすことにより、学生にプレッシャーをかけ、そこでの反応を見ようとするテクニックだ。

例えば、以下のような投げかけをして、そこでの学生の反応を見るわけである。

「あなたはうちの会社に入ることでこういう活躍ができると思っているようですが、それは幻想ですよ。実際にうちの会社に入っても、何年も下積みの仕事が続き、なおかつ希望の部署で希望の仕事ができる保証はありませんよ」

しかし、よく考えれば、これはどこまでいっても〝いたちごっこ〟であることがわかるだろう。学生はこうした圧迫面接的な質問が来ることも予想し、対策を立ててくるからだ。

「下積みも苦労も、覚悟のうえです。むしろそうしたさまざまな経験を積むことで、自らを成長させ、御社にも貢献できるのではないかと考えています」

などとうまい切り返しをあらかじめ準備され、それをそのまま答えられてしまえば、話はそれまでなのである。

要するに圧迫面接は、無限の「ああいえばこういう」を生み出すだけなのだ。お互いが頭のなかで考えたことだけを述べ合っているだけで、何ら学生の資質に迫る対話となっていない。はっきりいって、圧迫面接は面接者の自己満足にすぎず、よい選考を行ううえではほとんど意味はない。

仮に圧迫面接への対応がよかった学生と、そこで詰まってしまった学生がいたとする。しかしそれは、せいぜい**「面接対策のヤマが当たったか、当たらなかったか」といった程度の話にすぎない**のだ。ただそれだけの根拠で、圧迫面接に答えることができた学生を答えることができなかった学生より高く評価するということは、きわめて妥当性を欠く危険な判断といわざるを得ないのである。

「人と違った体験」は、それ自体では評価できない

●「学生時代の体験」はどう見るか●

続いて従来型の面接でしばしば問答の中心となる、「学生時代の体験」についてどう考えるかについても触れておこう。実はこの点こそ、のちに述べるコンピテンシー面接のキーポイントとも深く関わる点となる。

一般論として、学生時代の体験について面接で確認をするのは、的確な採用選考を行ううえで非常に重要なことだ。ただし問題は、それをどういう観点から、どこに焦点を絞って聞き出し、評価するかなのである。

学生時代の体験が面接の場で話題にのぼったときに陥りやすい典型的な落とし穴は、学生は「単に人と違った体験を持つ」ことを語りたがり、また採用する企業側も暗黙のうちにそれを期待して高い評価を与えてしまうことだ。例えば「自転車で日本中を旅行した」とか、「数十種類のアルバイトをこなした」などという学生が、なぜか面接官うけがよくなってしまう。

さらには、その体験を通じて「考えたこと」「感じたこと」を聞くケースが多く、そこで、

また人とは違う感性的な回答が返ってくると、「間違いなくOKだ」となってしまうのである。

面接官「日本中を自転車で旅行して、何を感じましたか?」
学　生「はい。風って温かいんだなと感じました」

右のような会話が面接室のなかで行われるわけである。

このような話を聞くと、面接担当者は、それだけでその学生が「どことなく見どころがある」「個性的な」人材であるような気がしてきてしまう。面接時も互いに話が弾みやすいため、その場は盛り上がることも多い。

しかし、そうした体験を持つことや、その体験から人とは違う考えを持っていることと、その学生が企業の求める人材としての要件を満たしているかという問題とはまったく別の話である。

厳しい言い方をすれば、**「他人と違う経験をした」というだけでは、「それがどうした」ということでしかない。**もっといえば、ただの変わり者であるという評価すらできるかもしれない。

なのである。

●インパクトに左右されてはいけない●

採用する側からすれば、第一印象的なインパクトに引きずられ、惑わされないことが大事なのである。

注意しなければならないのは、例えば、

「体育会系のクラブ活動で主将を務め、チームを大会で好成績に導いた」

といった学生をどう見るかである。

このケースは、先にあげた例などと比較すると、一見、相対的に企業で求められる能力との相関性が高い能力を持つ人材のようにも見える。しかし、実際には、本人がそこでどのような能力を発揮したのかということと、チームが大会で好成績を残した事実との連関を詳細に検討しなければ、正しい評価を下すことはできない。

要は、検証を欠いた表層的な印象、先入観、思い込みなどを学生時代の経験の評価に持ち込まないことが重要なのである。

具体的に、学生時代の経験について、どこをどのように評価するべきなのかについては、次章のコンピテンシー採用についての解説のなかで詳しく述べることにする。

「一流大学出身→頭が良い→優秀→求める人材」の図式に潜む盲点

●まだまだ学歴を基準としている企業側●

ここまで面接での具体的な局面に即して、従来型採用方法の問題点を探ってきた。個々の例を通じて見てみれば、結局のところ、採用する企業側が「求める人材像」の具体的なイメージ、および評価の尺度、基準を持ってこなかったことに、従来型の採用がかかえるすべての問題が帰結することがおわかりいただけるのではないだろうか。

しかし、多くの企業では、いまだに履歴書に書かれた学生の「学歴＝出身大学名」に重きを置いた採用がなされている。

表向きは学歴不問、実力主義がうたわれていても、担当者の口からは、**「今年は東大、京大が○人、早稲田が△人、慶応が□人採用できた」**といった言葉が満足げに飛び出してくる場面にしばしば出くわす。いわゆるリクルーター制度によって、特定大学の出身者が採用において実質的に有利な扱いを受けている企業も少なくない。

●学歴頼みの採用は会社に利益をもたらしたのか●

しかし、このような採用は、十分に満足できる採用と本当にいえるのだろうか。ぜひご自分の会社の状況を振り返り、再考してみてほしい。

指示待ち型、あるいは評論家型の人材が多いのが悩みなのではなかったか。

頭の良さが成果をあげることに向かず、むしろ他人の足を引っ張ることに向いている人はいなかったか。

こんな例でもいい。

英語がペラペラしゃべれる、あるいはMBAまで取得して、経営に関する理論、知識ならだれにも負けないものを持っている人材が、実は社内や顧客とのコミュニケーション一つできない。自社の状況にあわせたビジネスについてはヒントの一つも提案できない…。こうしたことが、けっして珍しいケースではないのは、すでに多くの企業、多くの人材の実例から明らかなのである。

「一流大学出身→頭が良い→優秀→求める人材」といった図式が、これまでの新卒採用を呪縛していた。もちろんこの図式に、まったくの妥当性がなかったとまではいわない。しかし、そこで真に成果を出せる「アメーバ増殖型」の人材を取り逃がしたロスにもっと注意を向けるべきなのである。

第3章

アメーバ増殖型人材を採用するために必要な視点

その人の持つ能力を正しく見抜くために

それでは、いよいよ本書の中心的なテーマである、コンピテンシー概念について説明を進めていくことにしよう。

コンピテンシー採用をとりいれ、「10年後に必要な人材」、すなわち「アメーバ増殖型」のビジネスをつくっていく人材を確保する重要性については、すでに第1章、第2章で触れてきた。

●コンピテンシーを活用しよう●

コンピテンシーという言葉はここ数年で爆発的に多用されるようになったため、経営者、人事・採用関係の仕事をされている方などには、すでにおなじみの用語かもしれない。日本企業にも急速に成果主義型の人事考課制度、評価処遇の方法が広まったことはコンピテンシーという言葉の認知度があがった理由の一つだろう（人事全体、成果主義導入とコンピテンシーの関係については、川上真史・著『会社を変える社員はどこにいるか』〈ダイヤモンド社〉を参照されたい）。

しかし一方で、あまりにも急速に広まった用語・概念ゆえに、十分に正確に理解をされていないきらいもある。そこであらためて、シンプルに定義づけをしておこう。

●コンピテンシーの正しい意味●

「competency」（コンピテンシー）を英和辞典でひくと、訳語としてまず最初に出てくるのは、「能力」である。

たしかに、「コンピテンシーとは能力のことである」と言い切ってよい。

よくコンピテンシーに「成果行動」「行動発揮能力」などの訳をあてる人がいるが、かえって混乱を招いているように思う。コンピテンシーというと、今まで発見されなかった新しい「何か」が見つかったかのように思われるかもしれないが、けっしてそんなことはない。

ではなぜ、能力ではなくコンピテンシーという用語を使うのか。

結論からいえば、両者の違いは同じものを見る視点の違いにある。見ている対象は、まさに人間の能力なのだが、従来の見方とはやや角度を変えて、**いわばコンピテンシー的な視点から見たとき、違った能力の姿が立ちあらわれてくる**、というようなイメージを持っていただきたい。

●「優秀さ」という基準はいらない●

これまで能力を見る、測定する、評価するというとき、その人の属性としての「優秀さ」が視点の軸にあった。しかし、こうした「優秀さ」が、実は非常にあいまいでブレやすいものであることはすでに批判したとおりだ。

これに対し、コンピテンシー的な視点では「優秀さ」はまったく問題にしない。そこで問われるのは、

「（能力が）成果につながるか、どうか」

という一点なのである。従来の能力観と比較すると、非常に実践的でダイナミックに能力概念をとらえていることがおわかりいただけるかと思う。

従来型採用を行っている企業に見られる弊害

●評論家型は会社の利益に貢献しているか●

前述のとおり、コンピテンシー的な視点は、従業員の評価や処遇との関連で注目を集めてきた。成果の大きさに応じて給与差をつけることはもちろん、モラルを保ち、モチベーションを上げ、人材の競争力をアップさせていくために、コンピテンシー概念は活用されてきた。

わかりやすい例をあげてみよう。

これまで企業内で高い評価を得てきたのは、往々にしていかにも「頭の良い」「優秀な」人だった。もちろん頭が良くて成果も出せればそれでもいいのだが、問題は「頭が良くても自らは何も成果を出せない」人が、実は非常に多かったことにある。

企画会議においてだれかが何かを提案すると、そのアイデアの良い点を見るのではなく、欠点を徹底的にあげつらう。

どこかの現場でだれかが小さな成果をあげても、他人事のように批評するばかりで、それを評価し共有していくことにはまったく熱心でない。

どこの会社にもそんな評論家タイプの人がいる。やっかいなのは、その分析が他人とは一味違い、それなりに的を射ており、周囲から一目置かれてしまうことだ。結果的に、そんな口のうまさを社内的な政治力に転換した人が出世をするケースがしばしばあった。

しかしもう一度、考えてみてほしい。

事実を虚心坦懐《きょしんたんかい》に見れば、彼らが自分自身で何かを生み出したわけではないことは明らかだろう。

そして、おそらく将来にわたっても会社に利益をもたらすことはけっしてない。会議室で毒にも薬にもならない評論をぶっているだけならまだいい。下手をすると、他人の成果を叩き潰すことしかしていないにもかかわらず、こうした人ばかりが高い給料をもらい昇進する組織であったら、従業員のモチベーションは下がるのが当然だろう。

●事実を基準とするコンピテンシー●

コンピテンシーの考え方をとりいれることは、こうしたおかしな評価や処遇を排除するうえで非常に役に立つ。

なぜなら、優秀かどうか、能力を持っているかどうかではなく、その能力をいかに使って成果を生み出しているかという結果、および事実を評価の基準にするからだ。

山のように知識を持っていても、それを何一つ道具として使えない人がいる。

一方で、たった一つの知識でも、それをフルに活用して顧客を満足させる成果を出した人がいる。

従来の優秀さの基準でいえば、前者は後者よりも高い評価を得たかもしれない。しかしコンピテンシー的な視点をとりいれれば、後者のほうが前者よりも評価は高くなる。理由はいわずもがなだろう。そして、その合理性についても、十分納得いただけると思う。

コンピテンシーの観点を新たに採用すると、こうした評価の逆転現象がしばしば起きる。

重要なのは、コンピテンシーを用いた評価には、「この人は将来にわたっても、ふたたび、みたびと成果をあげるだろう」という未来への予測の視点が含まれることだ。

この「成果の再現性」とコンピテンシーの関係についてはのちに詳述するが、これが、「現有社員の評価」から「採用」へとコンピテンシーの活用範囲を拡大していく有効性の大きな根拠につながっていくのである。

コンピテンシーを理解するための四つの概念とその関係

●能力の「行動への還元」を見る●

次ページの図を見ていただきたい。

真ん中の行動という○を囲むように四つの○（知識経験、成果イメージ、思考力、動機）と四本の矢印が描かれている。これが、コンピテンシーの考え方をモデル化した模式図である。まわりの四つの○は、これまでにも再三語られてきた「能力」の要素であり、さほどの目新しさはない。従来型の能力観では、単純にこれらの要素がそれぞれ充実していることが「能力の高さ」とみなされてきたのである。

それに対し、コンピテンシーの視点では、あくまで四つの○の中心に「行動」の○がある。四つの○から行動の○へ四本の矢印が延び、いわばそこに焦点が結ばれる形になっているが、まさにこれこそがコンピテンシーの視点ということになる。

コンピテンシーとは、能力を「成果につながるかどうかで評価すること」と述べたが、より具体的な局面に落とし込んでいえば、その成果を生み出すのは、常に行動であり、それ以外ではありえない。

コンピテンシーのイメージ

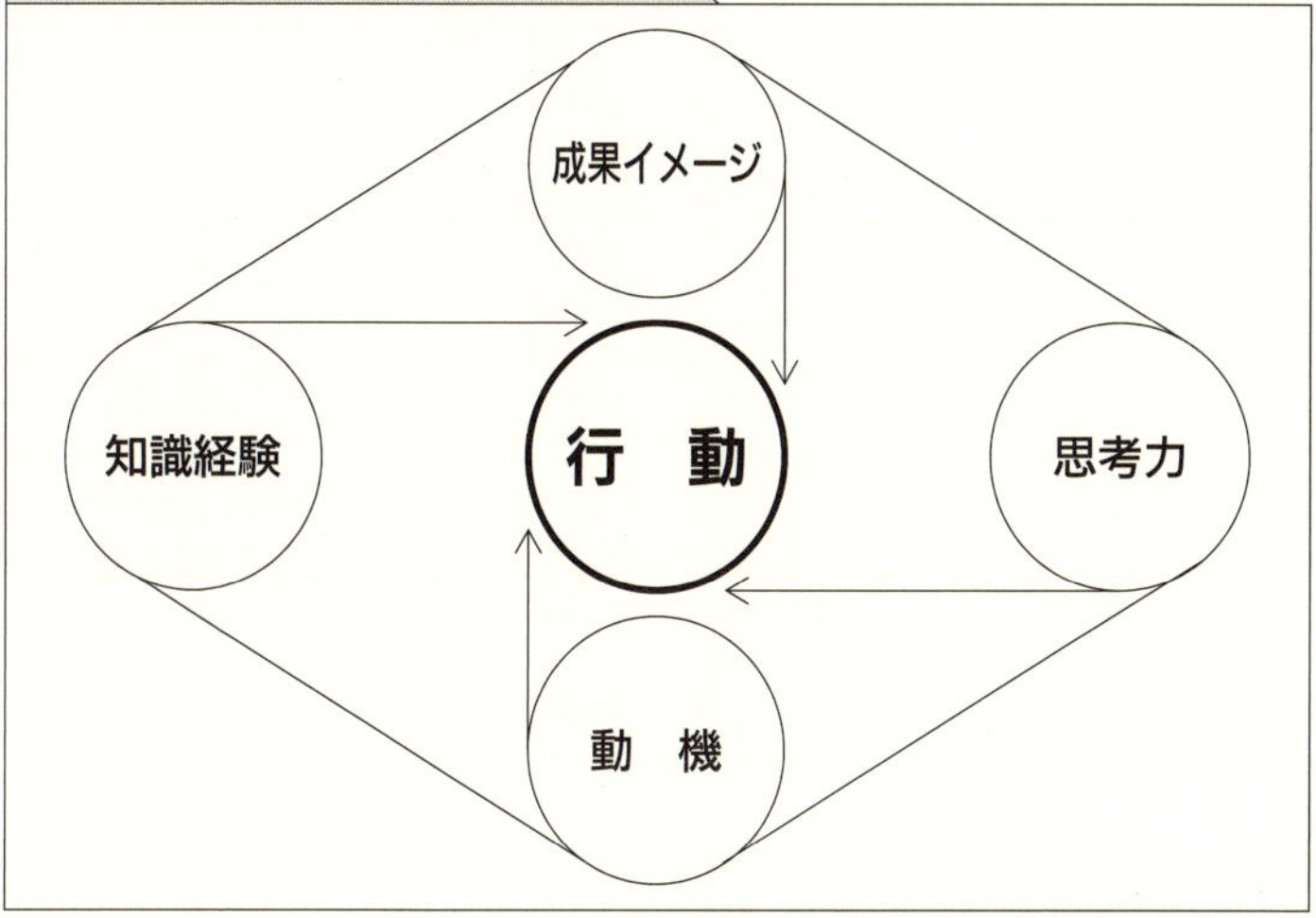

よって、コンピテンシーの視点を活かすとは、端的にいえば行動をよく見、評価することにほかならない。図において能力の四要素から延びた四本の矢印がすべて行動に向かい、相乗効果をもたらすスパイラルを描いているのはこのことを示している。

●四つの概念のバランスが大切●

例えば知識経験の要素についていえば、これをたくさん持っていればいるほど、高い専門性があり、高い評価ができるという見方がされてきた。

しかし、知識経験はあくまで道具であって、それが道具袋のなかにしまわれたままであるのなら、いくら質や量があっても価値はゼロなのである。いってみれば、その道具の使い方、（知識経験という能力の要素の）行動への還元の度合い、うまさを見るのがコンピテンシーの発想なのである。

成果イメージがあるのは、成果をあげるうえで有利ではある。しかしイメージがあっても行動がなければ成果は生まれない。

思考力がある、論理的に周囲を説得できる、議論に強い、これらもその一歩先にある行動や実行につながってはじめて意味を持つ。

内からわき出るモチベーションが高い、あるいは周囲への動機のアピールがうまくても、やはり行動の前段階の条件にすぎず、それ自体では何ら成果を生み出しはしない。

このように、すべての能力要素を分析したうえで、その行動への還元を評価する。これがコンピテンシー論の根本的な原理ということになる。

人材不況とセルフマネジメント型人材の重要性

●能力を行動に還元できない人が多い現代の日本●

いうまでもなく、どんな仕事をするにせよ、37ページの図の〝行動〟の○を囲む四つの○に代表されるような、それぞれの能力要素を高いレベルで持っているに越したことはない。行動力だけがあって、能力の裏づけがない人はそれはそれで困ったものではある。

しかし、今、現実の企業社会を見れば、その逆の、〝能力の要素がありながら行動への還元がうまくなされていない人〟をどうしたらいいかという問題のほうがはるかに大きいことは明白だと考えられる。

現在の日本社会のかかえる最大の問題点、あるいは諸問題の根本には、人材不況と名づけられる状況がある。

日本企業には、能力要素（図でいうところの周囲の四つの○〈知識経験、成果イメージ、思考力、動機〉）を持っていながら、それを行動に還元することが下手、もしくは最初からその発想が皆無である人材があまりにも多いように思われる（あえていうなら、これはかつての大手名門企業のミドルクラス以上にもよく見られる現象といってもいいかもしれない）。

これがまさしく「人材不況」である。この問題をどうにかすることが、企業再生、日本再生のキーポイントになっている。

●企業が採用すべきはセルフマネジメント型人材●

この問題を克服するために、多くの企業人が目指すべき人材像の方向性ははっきりしている。

「自らがすべきことについて、正しい判断を下し、その判断どおりに実行できる」

「その取り組みの進捗を自分で確認しながら、もしも状況変化などで、うまく成果につながらないという状況になったら、その状況においてでも成果を生み出せるような工夫、あるいは状況そのものを転換させるようなアプローチを打つことができる」

という、セルフマネジメント型の人材を目指すべきなのである。ちなみに、セルフマネジメントにおけるこのサイクルについては、四つの局面をそれぞれ**プラン**、**ドゥ**、**チェック**、**アクション**と名づけることができる。

●セルフマネジメント型人材がアメーバ増殖型人材につながる●

なぜセルフマネジメント型の人材が重要となるのだろうか。

先ほど、アメーバ増殖できる人材がこれから重要になると述べた。しかし、実際に学生時代からアメーバ増殖を実現している人材を見出せる確率は極端に低いはずだ。となると、現実的にはアメーバ増殖できる「可能性のある人」（アロワナの稚魚がそうである）を採用していくことを考えないといけない。

このアメーバ増殖できる可能性のある人こそ、「セルフマネジメント型の人材」なのだ。

そして実は、こうしたセルフマネジメント型の人材を育てる、あるいは、能力の要素を持っていながら行動に落とし込むことが苦手だった人材をセルフマネジメント型の人材に転換させるのにもっとも効果的なのが、コンピテンシー的な人事制度の導入なのである。

難しい教育プログラムなどを構築するよりも、出口の評価の部分で、「行動に移して成果をあげたこと」を重視する、すなわちコンピテンシーの視点を基軸にすることで、人材のポテンシャルを大きく引き出すことができるのだ。

セルフマネジメント型人材の市場価値

●社内価値と市場価値は違う●

第1章で採用を投資の観点から見ることの重要性について述べたが、このこととコンピテンシーがどう関連してくるのだろうか。まずは、導入として、人材の市場価値という概念について少々触れておこう。

人材の市場価値を理解するには、対比する概念として、人材の社内価値というものを考えてみるといい。**社内価値が高い人とは、要するに社内の競争には強い、社内のライバルには勝てる人のことを指す**。例えば、社内の特殊な事情に通じている、あるいは社内で特殊に重視される情報やスキルを持っている、などというのが典型例だ。

たしかにこの社内価値は、それはそれで無価値なものではない。しかし注意しなければならないのは、今日のように、会社として外の世界との競争に打ち勝っていかなければならない時代においては、その意味が相対的に低下していることだ。

それどころか、むしろ社内価値の高い人が、変化への対応の阻害要因となってしまうことも考えられる。例えば、これまでの仕事のやり方が大きな壁にぶつかった場合、社内価値が

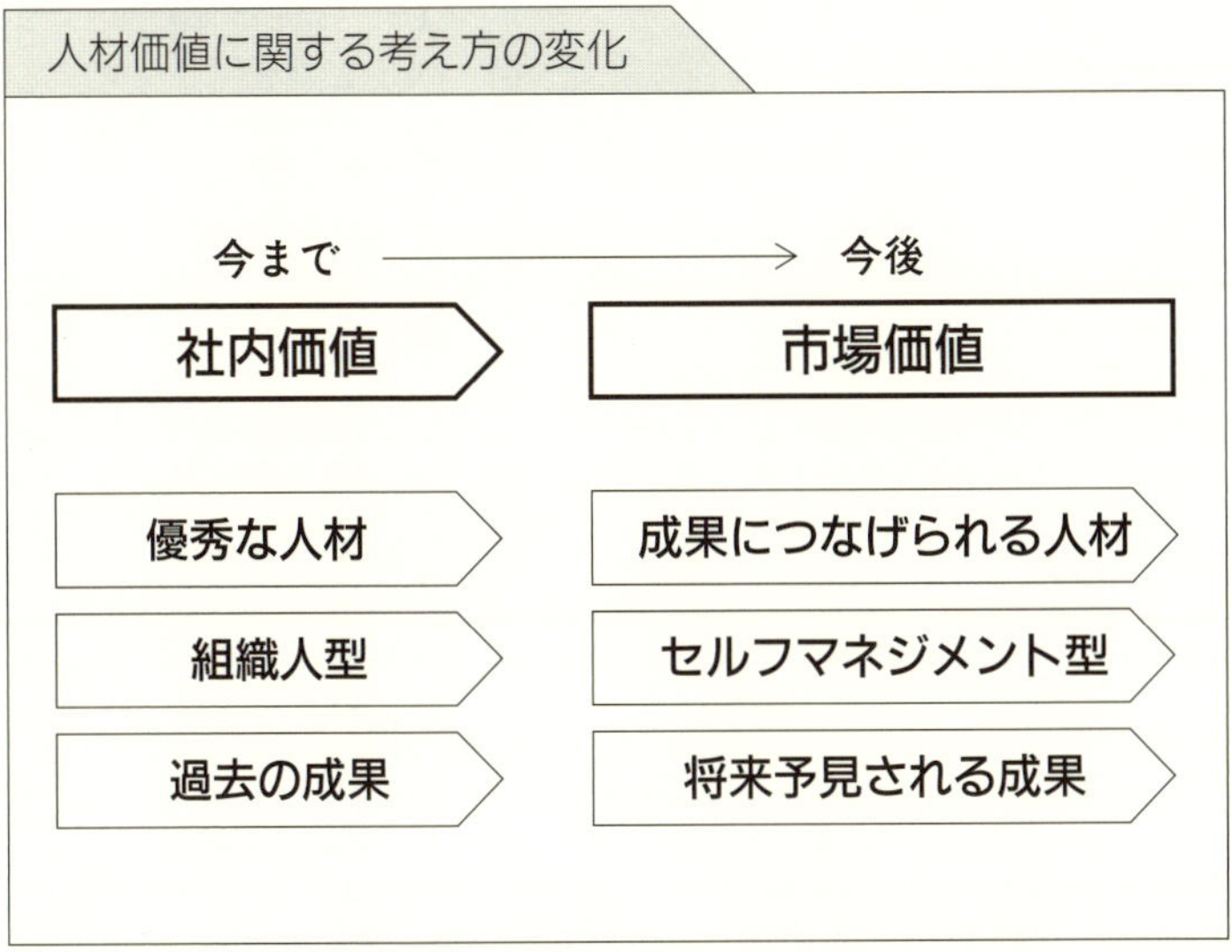

人材価値に関する考え方の変化

今まで → 今後

社内価値	市場価値
優秀な人材	成果につなげられる人材
組織人型	セルフマネジメント型
過去の成果	将来予見される成果

高い人材は、それを改革していくための抵抗勢力となりかねないだろう。

●市場競争に勝てる価値＝市場価値●

これに対し、**市場価値の高い人とは、市場のなかでの競合と競争に勝てる人のことをいう。**すなわち、狭い社内でのみ評価されるのではなく、一般的な労働市場で高い評価を受ける人のことを指す。

市場価値の高い人の最大の特徴は、まさに前項で述べたような、セルフマネジメント型の思考、行動パターンを持つ人材であることだ。すなわち、どのような局面においても、プラン、ドゥ、チェック、アクションのサイクルをまわし、そのときどきにふさわしい新しい成果を生み出すことができる人こそが、市場価値の高い人ということになる。彼らは、常に状況の変化に応じて仕事ができる。あるいはさらに一歩進んで、状況を変えていくうねりを自らが中心になって巻き起こすことができる。

もうおわかりだろう。

これからの時代、**企業社会で求められる人材像は、社内価値の高い人から市場価値の高い人へと大きく転換しようとしている**のだ。そしてその市場価値の高さをみる、測定するときの指標として用いられるのが、コンピテンシーなのである。

成果の再現性と未来の成果の予測

人材の市場価値、およびその測定について考えるうえで、注目すべき点はもう一つある。それは、その人が過去に生み出した成果ではなく、**将来において生み出すであろう未来の成果**とみなされるということだ。

●未来の「成果」への値段●

果への値段＝市場価値、

労働市場で人材が売り買いされるとき、買い手の側は、その人が「これからわが社に利益をもたらすであろう」という見込みに基づいて値踏みをすることになる。過去の実績は、あくまでその判断をするためのデータにすぎない。

これは、例えば株を買うときとよく似ている。

株に投資をするとき、この会社は過去に高い業績をあげたから買ってみようという人はいない。むしろ、今はまだ実績があまりないため評価が低いが、これから大きく伸びるであろうと予測できる会社の株を買うというのが、あたりまえのセオリーである。そうしなければ、投資を回収することができないからだ。人材に対する見方でも、こうした投資の観点が重要になってくる。

●コンピテンシーは市場価値を見抜く指標●

今、投資という言葉を使ったが、一般に市場価値とは投資価値と同義である。これは、対象が人材であってもあてはまる。すなわち、市場価値が高い人材とは、投資価値が高い人材ということができる。

こうしてみると、あらためて、

「これからの時代は市場価値の高い人材が求められる」

←

「そのためには人材評価に投資の観点を取り入れる」

←

「その指標として、セルフマネジメント力を重視する」

←

「セルフマネジメント力を測定するためにコンピテンシーを活用する」

というそれぞれのテーマが、一本の線でつながって見えてきたのではないだろうか。

たしかに、未来のことを予測するのは非常に難しい。どれほど優秀な株式アナリストをもってしても、株価に直結する企業の未来の業績を100％完璧に当てることはできない。

ただし、その精度を上げるための指標＝モノサシづくりに関しては、日進月歩を目指す努力が続けられ、事実、技術は進歩し続けている。人材について考えた場合、その最新最強のテクノロジーにあたるのが、コンピテンシーなのである。

●再現性のない成果は評価に値しない●

それでは、コンピテンシーの考え方のどこに、人材が未来に生み出すであろう成果を予測する指標としての優位性があるのだろうか。ポイントは、コンピテンシー概念が、「成果の再現性」（「再現性のある成果」）という考え方を基礎にして成り立っている点にある。

人間が生み出す成果は、大きく二つに分けられる。すなわち、再現性があるものと、ないものだ。だれかがある成果を生み出したとき、その人が次にまた同じような成果を生み出すことができるかどうかによって、両者は区別される。

再現性がない成果とは、端的にいえば幸運や偶然の要素に大きく依存して生み出された成果である。

一方で、**再現性のある成果とは、取り組みの最初の段階から最終的な成果としてあらわれる地点まで自分の頭で方法を考え、ときに試行錯誤がありながらも手を打ち続け、行動し続けることによって生み出された成果**のことである。

現実問題として、成果は再現性のあるものとないものにデジタルに二分されるわけではな

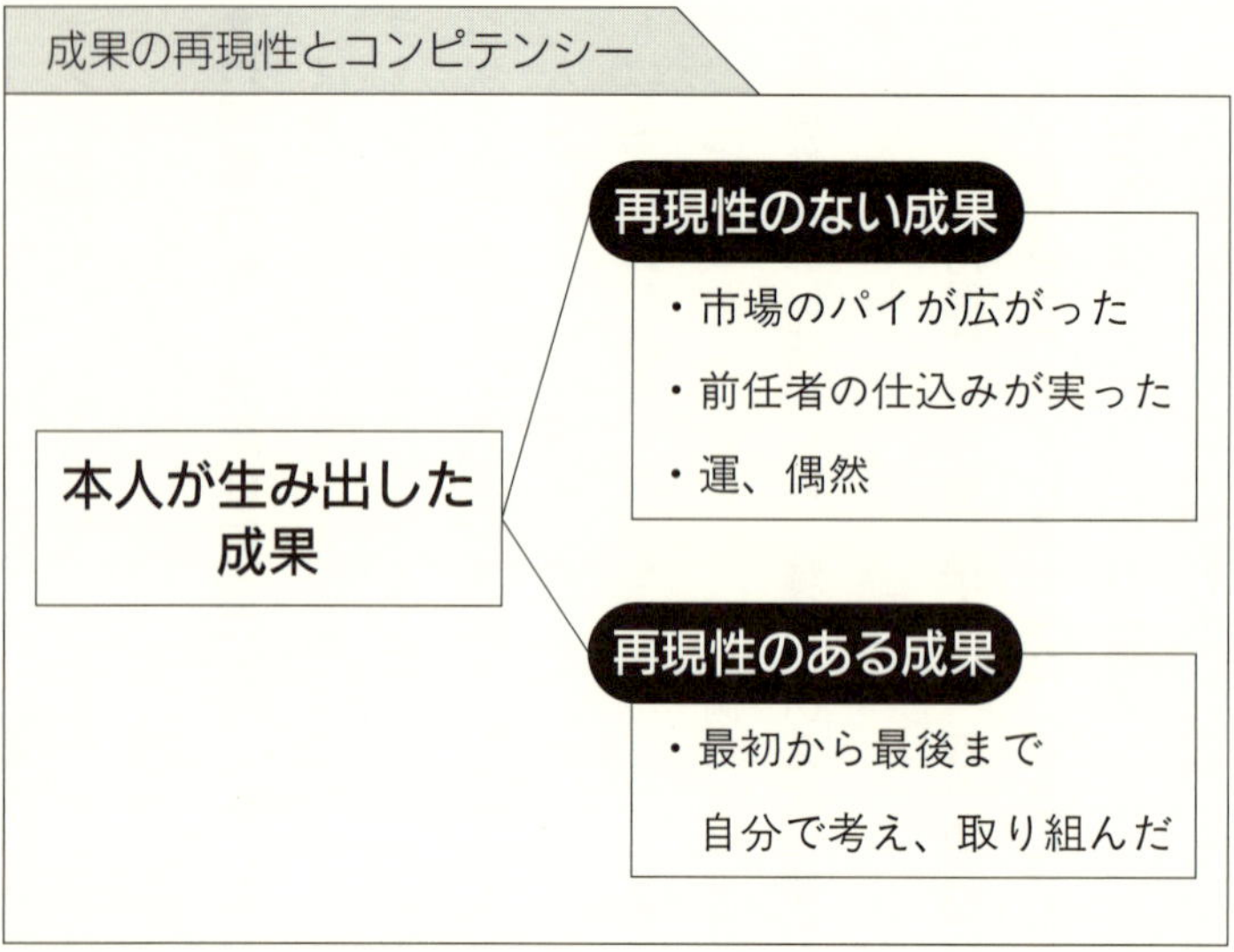

いが、それでもどちらの要素がどれだけ反映された結果かを分析することは可能だ。

人材の評価にコンピテンシーを用いる際、再現性のない成果については無視してしまってかまわない。しかし、実際、仕事の局面を振り返ってみると、このような再現性のない成果は意外に多いことは実感されるはずだ。

たまたま市場のパイが広がった時期だった、前任者の仕込みが実った、天候などの自然条件が味方した、仕事とは関係ない部分で強いコネクションを持つ顧客をつかまえた……などなど成果に大きな影響を与える要因はそう珍しくはないことばかりである。こうした要因であがった成果は、いかにそれが規模として大きいものであったとしても、再現性がない。なぜなら、本人の実力によってもたらされた成果ではないからだ。

●評価すべきは再現性のある成果●

一方で、はじめから最後まで自らの頭で考え、行動して生み出された成果がある人は、「次もまた成果を生み出せるのではないか」、「状況が変わっても、応用が利くのではないか」、ということを高い確率で予測できる。これがまさに「成果の再現性」であり、こうした**「再現性ある成果を過去に生み出したことがある」ということが、「コンピテンシーが高い」ということ**にほかならない。

逆にいえば、コンピテンシーの視点とは、再現性ある過去の成果を見ることによって、その人が未来に成果を生み出すであろう可能性を評価することである。これこそが、コンピテンシー概念の指標としての優位性の本質なのである

第4章

「できる人」を見極める面接方法とは何か

"印象"ではなく"行動事実"で判断する

●コンピテンシー面接に特別なテクニックはいらない●

第2章では、「志望動機」や「学生時代の体験」の確認を中心とした、現在広く行われている採用方法の問題点を指摘した。また第3章では、人材評価の基準としてのコンピテンシー概念について、その背景も含めて解説を行った。

本章では、ここまでで説明してきた従来型面接の問題点（第2章）、人材評価の基準としてのコンピテンシー概念（第3章）を踏まえたうえで、コンピテンシー的視点を採用にどのようにとりいれていくか、コンピテンシー採用の概要について、具体的なイメージを交えながら解説していこう。

コンピテンシー採用の方法は、本質的に特別なテクニックを必要とするものではない。実務面では一定の習熟、いわば「慣れ」が必要だが、順を追って理解していけば、原理自体はきわめてシンプルなものであることがおわかりただけるはずである。

では、最初におさえておくべきコンピテンシー採用のもっとも基本的なポイント、意味とは何だろうか。それはすなわち、**面接における質問の方法、および評価の視点を変えること**

である。ちなみにこの方法を、コンピテンシー面接、あるいはコンピテンシー・インタビューと呼ぶ（以下、「コンピテンシー面接」と呼んでいく）。

●従来型面接との根本的な違い●

従来は、抽象的な質問によって、受験者から一定の言葉を引き出し、それを面接者が自らの基準に照らして評価するという流れが典型的だった。

しかし、このやり方では、どこまでいっても面接者の主観が評価に反映される傾向が排除できない。なぜなら、面接官から聞かれる抽象的な質問に対しては、受験者側も抽象的なレベルで回答せざるを得ないからである。いわば、抽象と抽象がぶつかる〝言葉遊び〟の結果を、面接者が印象批評していたのである。

それに対して、コンピテンシー面接は、個人的好み、価値判断や主観の入る余地のない、ニュートラルな過去の行動事実を確認することに主眼を置いている。つまり、受験者に、自分の考え、意見を述べさせるのではなく、経験、体験した事実を述べさせるのである。まずは**行動事実をしっかりとおさえることに集中し、最終的な評価、判断は客観的に下す**ことを目指している。

●コンピテンシー面接の目的●

いうまでもなく、**コンピテンシー面接の目的は、能力を成果につなげられるアメーバ増殖型、セルフマネジメント型の人材を選抜すること**にある。

そのためには、過去にその人がどういった成果（あるいは成果の芽）につながるような行動を行ったかを分析するのが、もっとも精度が高い方法なのだ。具体的な行動事実の確認にあくまでこだわる理由は、この精度の高さの維持という点にある。

考えて答えてもらうのではなく、思い出して答えてもらうことに集中する。これがコンピテンシー面接の第一歩であり、基本なのである。

どの時点でその人を評価すべきなのか

●客観性に欠ける従来型面接●

一つ実例をあげてみよう。

新卒学生の採用において、リーダーシップという項目をどう評価するかという局面を考えてみる。従来型の面接では、例えば次のようなやり取りがなされてきた。

面接官「あなたは、自分がリーダーシップのある人間だと思いますか」

学　生「はい、私は集団のなかで周囲の人間を引っ張っていく能力を持っていると思います」

さすがにこれだけのやりとりで、この学生に「リーダーシップがある」という評価を下すケースは少ないかもしれない。しかしなかには、自信に満ちた態度、面構えなどを加味して、「なるほど、なかなか見どころがありそうだ」といった先入観を持ってしまう面接官もいる。

こうした評価には何ら客観性がないことは、もうおわかりいただけるだろう。

そこで、ちょっと気の利いた面接官なら、次のような二の矢を用意し、発言を引き出そうとするはずだ。

面接官「では具体的に、学生生活のなかで何かリーダーシップを発揮したことがありますか」
学　生「はい、私は学生時代、体育会の○○部で主将をつとめていました。練習の方針をつくり、後輩を育て、部員たちをまとめて、大会で優勝しました」

一見すると、このやりとりによって、学生がアピールするリーダーシップに具体的な事実の裏づけが与えられたように感じられる。実際、われわれが見てきたほとんどの企業では、このレベルの質問と回答で、リーダーシップ項目についての評価を下していた。この例でいえば、「リーダーシップあり」という判定、評価がされるのである。

●エピソードに落とし込んで行動を確認する●

しかし、コンピテンシー面接のステップからすれば、このレベルで止まってしまっては、まだまだ詰めが甘い。それどころか、**「行動事実の確認」という意味では、まったく何も話**

を聞きだせていないのと同じことなのである。

どういうことか。

コンピテンシー面接では、特に力を入れて取り組んできたこと（この例でいえば、主将としてリーダーシップを発揮したという学生のアピール）が見えてきたところで、さらにもう一歩突っ込んだ質問を繰り出さなければならないのだ。

要するに、

「では、例えば、何をしたのですか」

という質問をするのである。

主将として練習の方針をつくったというが、それはどのような方針であり、また、その練習方針をとりいれたことがどう成果につながったと分析できるのか。

後輩を育てたというが、どのようなアドバイスを送り、能力を引き出してやったのか。

部員をまとめたというが、どういう状況にあったチームを、どういう方法で一つにしたといえるのか。

これらの点を、一つ一つ詰めていくのがコンピテンシー面接なのである。

●5W1Hレベルを聞いていこう●

このようにコンピテンシー面接とは、過去の事実を個別の局面、エピソードにまで落とし込み、そこでどういう行動をとったかを確認することを意味する。

いわゆる5W1Hレベルで行動事実を見ていくわけだ。

「いつ」

「どのような場面で」

「何（だれ）に対して」

「どんな意図、理由で」

「どんな工夫を加えて行動したのか」

全体のプロセスのなかで、どういう場面があり、そこでどういう意図でどういう行動をとり、どういう結果につながったのか。この作業を丹念に積み重ねていくのである。

成果の具体性を明らかにし、本人の持つコンピテンシーを測定しようというのが、コンピテンシー面接の目的ということになる。

実際、ここまで突っ込んでインタビューを進めていくと、面接の現場では非常に興味深い現象が生まれてくる。単に面接対策として表面的な回答を用意していた受験者は、裏づけとなるエピソード、個々の局面での行動事実がないため、絶句することになるのだ。

あるいは、「常に一生懸命やった」とか、「誠意を持って取り組んだ」とか、形容詞や副詞を付け加えた同義反復で逃げるしかなくなる受験者も出てくる。

●見えてくる能力の高さ●

先ほどの例でいえば、「体育会系のクラブ活動で主将をつとめたこと」と「大会で優勝したこと」はウソでなかったとしても、その間をつなぐ行動事実が出てこない受験者もいるだろう。例えば先輩の築いた伝統に乗っかり、たまたま素質、能力のあるメンバーに恵まれてしまえば、特にリーダーシップを発揮する場面などなくても、お飾りの名前だけの主将として、大会での優勝という結果が出てしまうことは十分考えられる。

しかし、コンピテンシー面接のレベルまで突っ込んで質問をしていかなければ、このあたりの事情はけっして見えてこない。

一方で、非常にユニークな、具体的な行動事実を語り始める受験者もいる。

例えば、われわれが実際にコンピテンシー面接に立ち会ったときに出会ったある受験者は、「クラブ活動の主将として後輩を育成した」というテーマのなかで、以下のようなエピソードを語ってくれた。

学　生「潜在的には十分な実力があり、チームでの存在感もあった後輩が、たまたましばらく成果が出なかったことにより自信喪失状態となって、練習にも出てこなくなってしまいました。

本人のためにも、チームのためにも、ぜひ復帰をしてもらいたかったのですが、一対一の直接的な説得の仕方ではうまくいく見通しが低いと感じておりました。

そこで一計を案じ、かつて本人が身につけた技術を、同期生や後輩に教えてやってくれないか、という形で話をしてみました。

その結果、本人に近しいメンバーを中心とした人間関係の中にうまくとりこみ、また技術を教えるという作業のなかで自信を取り戻させることに成功しました。最終的にチームの結束も強まり、大会での好成績につなげることができました」


いかがだろうか。

これぐらいいきいきとした、しかも具体的なエピソードがすらすらと出てくる受験生であれば、単に「クラブ活動の主将として後輩を育成した」ということがらを超えて、コンピテンシーの高さ、すなわち成果につながる能力の高さについて、信頼度が高いと実感されるのではないだろうか。

こうした、だれにでも見えやすいイメージが共有できる段階まで行動事実を深掘りしていくことが、コンピテンシー面接の狙いであり、メリットなのである。

先入観的な思い込みを排除する

●なぜ、面接で主観が入ってしまうのか●

本章の冒頭で、面接およびその評価の過程において、面接官の主観が混入してしまう危険性について触れた。コンピテンシー面接の概要を解説したところで、あらためてこの点について触れておきたい。

心理学に、スキーマという用語・概念がある。これは、人間がある事象に対していだいてしまう、先入観的な思い込みのことを指している。人間は、対象に、あるイメージをひとたび抱いてしまうと、追加してインプットされる情報も、すべてそれを補強するよう、都合のいいように解釈してしまう傾向がある。

よく、「あばたもえくぼ」とか、「坊主憎けりゃ袈裟まで憎い」などというが、これなどは典型的なスキーマの例といえる。

スキーマが人間の認知を大きく歪めてしまうことはまぎれもない事実であるが、これを完全に排除することはなかなか難しい。当然、採用面接の場面でも、スキーマによる評価、判断の狂いが生じる危険性は常にある。

端的にいえば、第一印象で受験者を「好ましい」、「好ましくない」と感じてしまうことが、その後の面接過程全体、評価を規定してしまう可能性があるのである。最初に「いいな」と思った受験者は、質問に対してどんな答えが返ってきても、その印象の良さを補強するように感じられる。最初に「ダメだな」と思った受験者は、その逆というパターンである。

●面接者の主観を排除するコンピテンシー面接●

コンピテンシー面接を導入する大きな狙いの一つは、このようなスキーマに振り回されない面接、採用選考を実現することにあるのはもうおわかりだろう。面接官が主観的に受け取る印象をひとまずカッコに入れ、ひたすら行動事実に関する情報を収集するのが、コンピテンシー面接の特徴だからである。

採用選考の歴史を振り返ってみると、もっとも初期には、受験者の人格、あるいは取り組みをトータルに判断する「総合評価法」がとられていた。構造化されていない質問をぶつけ、特に分析もしないで、

「**いいんじゃないの**」

「**あれはダメだ**」

と採否を決める方法だ。しかしこの総合評価法は分析の過程がないため、容易に好き嫌い、

思い込みなどの主観が入りやすいという欠点があった。

そこで次に生み出されたのが、例えば「リーダーシップ」「責任感」「チームワーク」など、能力を項目に分離し、その項目ごとに順番に評価を行っていく「要素別絶対評価法」だった。これは「総合評価法」に比べるとかなり分析的手法ではあるが、やはりスキーマの排除という観点では不十分だったといえる。

●評価についての見解の相違は生じない●

コンピテンシー面接は、「要素別絶対評価法」がさらに深化した、「事実確認法」に対応している。これは、受験者の過去の特徴的なあるエピソード、局面における行動を、時系列で順番に一つずつピックアップし、それぞれどのコンピテンシーのどのレベルにあるかチェックしていく手法を指している。抽象的にコンピテンシーの要素がある、ないを見るのではなく、行動のなかでコンピテンシーをどれだけ使っていたのかを見ていくわけだ。あくまで事実に基づいて分析していく点に最大の特徴がある。

事実確認法の最大のメリットは、**「評価の客観性を保つ＝スキーマを排除する」**ことが容易である点にある。

多くの企業では、客観性を保証するために数次に分けて面接を行い、複数の担当者が面接を行っている。しかし、この方法だと、しばしば面接者間で受験者に対する評価のズレが生じてくる。あるいは逆に、主観が入ることを恐れるあまり判断を先送りして、結局、最後は役員の鶴の一声で採用者が決まるといったことも起きる。これらはいずれも望ましいことではない。

その点、事実確認法、すなわちコンピテンシー面接を用いれば、まずこうした問題が起きることはない。

面接の場でしっかり行動事実を確認すれば、その評価をめぐって大きな見解の相違が生じることがないのは、すでにこの手法を導入した多くの企業の例で実証されている。

事実の確認と成果の再現性

●従来型の面接では成果の再現性は判断できない●

この事実確認法は、前章で述べた成果の再現性というテーマとも深くかかわっている。再現性がある成果を残した行動事実を確認することによって、未来（将来）にも成果を生み出す可能性が高い人材をピックアップするというのが、コンピテンシー採用の基本的な考え方であるが、事実確認法はまさにこれを実際に面接手法化したものである。

採用にあたって人材を見る際、例えば「営業力がある（ありそう）」というのは、きわめて抽象的な人物評にすぎない。面接において、応募者が「営業には自信がある」と自己アピールし、全体的な印象からそう評価できそうに感じられても、それだけの材料で採否を判断するのは危険なのであるが、こうしたあいまいな基準で採用が行われている企業は、今も少なくはない（「総合評価法」）。

そのような企業から一歩先に進んで、「営業力がある」という概念を要素に分解し、評価する方法も、かなり一般的となってきた（「要素別絶対評価法」）。「営業力」という大きな枠組みを、その中身、すなわち「セールスがうまい」「販売戦略を立てるのがうまい」「顧客管理がうまい」などに分け、応募者がそれぞれどの程度の能力があるのかを見ていこうというのがこの評価方法の発想だ。この方法は、前記の総合評価法に比べれば、評価の精密化という意味で一定の進化は見られる。

しかし本質的には、採用する側の持ち合わせている先入観的な概念＝モデルで目の前の人材の能力を測ろうとしているという意味では、評価に関する具体的な根拠に欠けることには変わりがない。

●コンピテンシー面接ならば成果の再現性までわかる●

これらに対し事実確認法では、さらにそれぞれの要素についての行動事実そのものを見て、行動レベルでの評価を行う。例えば「セールスがうまい」という要素についていえば、

「商品の特徴を実演しながら伝えた」

「買ってくれるまであきらめずにとことん食い下がった」

「取引先の意思決定者を見抜き、その人に集中的にアプローチした」

「いろいろな商品を見せたときの反応で相手のニーズを推測し、そこを集中的に攻めた」

などの事実をインタビューで引き出す。

社会人として仕事上の成果を生み出した経験のない新卒学生が応募者の場合は、学生とし

面接手法

総合評価法	＝	トータルで判断し、最終結果をいきなり決定する
要素別絶対評価法	＝	能力を要素に分け、項目化し、それを一つずつ絶対的に評価する
事実確認法	＝	行った行動事実を一つずつ順番に確認し、それを項目に分類し評価する

てのさまざまな活動のなかから、取り組みと成果の事実を聞き出していく。

このように、**近い過去に成果を生み出した体験＝行動事実、プロセスを詳細に明らかにしていくことにより、将来にもプラン、ドゥ、チェック、アクションのセルフマネジメントを行い、未来にも成果を生み出す可能性の高さが測定できる**のである。どのようにして成果を生み出したのかを見ることで、その型を用いて違った成果を生み出す再現性の高さが見えてくるわけだ。

事実確認法、すなわちコンピテンシー面接が、いかに精度が高く、かつ将来に向けた投資価値のある人材をピックアップするために優れた方法か、おわかりいただけたのではないだろうか。

第5章

コンピテンシー面接の進め方

コンピテンシー面接の流れ

●面接の構造化が重要●

本章では、さらに具体的な面接の局面に即して、コンピテンシー面接の方法を詳しく解説することにする。

前章でも述べたように、コンピテンシー面接の目的は、応募者の過去の行動事実を確認することを通じ、行動のなかでどれだけコンピテンシーを発揮できる人材か、すなわち能力をどれだけ成果につなげられるかを測定することにある。

しかし、応募者に対し、漫然と過去の行動事実を尋ねても、最終的なコンピテンシー評価にまでつながるような行動事実に関する話題を引き出すことは難しい。

そこで、**面接全体を構造化し、質問によって適切な誘導を行うことによって、行動事実をうまくピックアップすることが必要**となる。面接者は常に、以下のようなコンピテンシー面接の全体像を念頭に置いておかなければならない。いわば、最終的なゴールイメージを明確にしたうえで、一つ一つのステップを踏んでいくことが大切なのである。

ではまず、コンピテンシー面接の全体像をフローチャート化して図示しておこう。

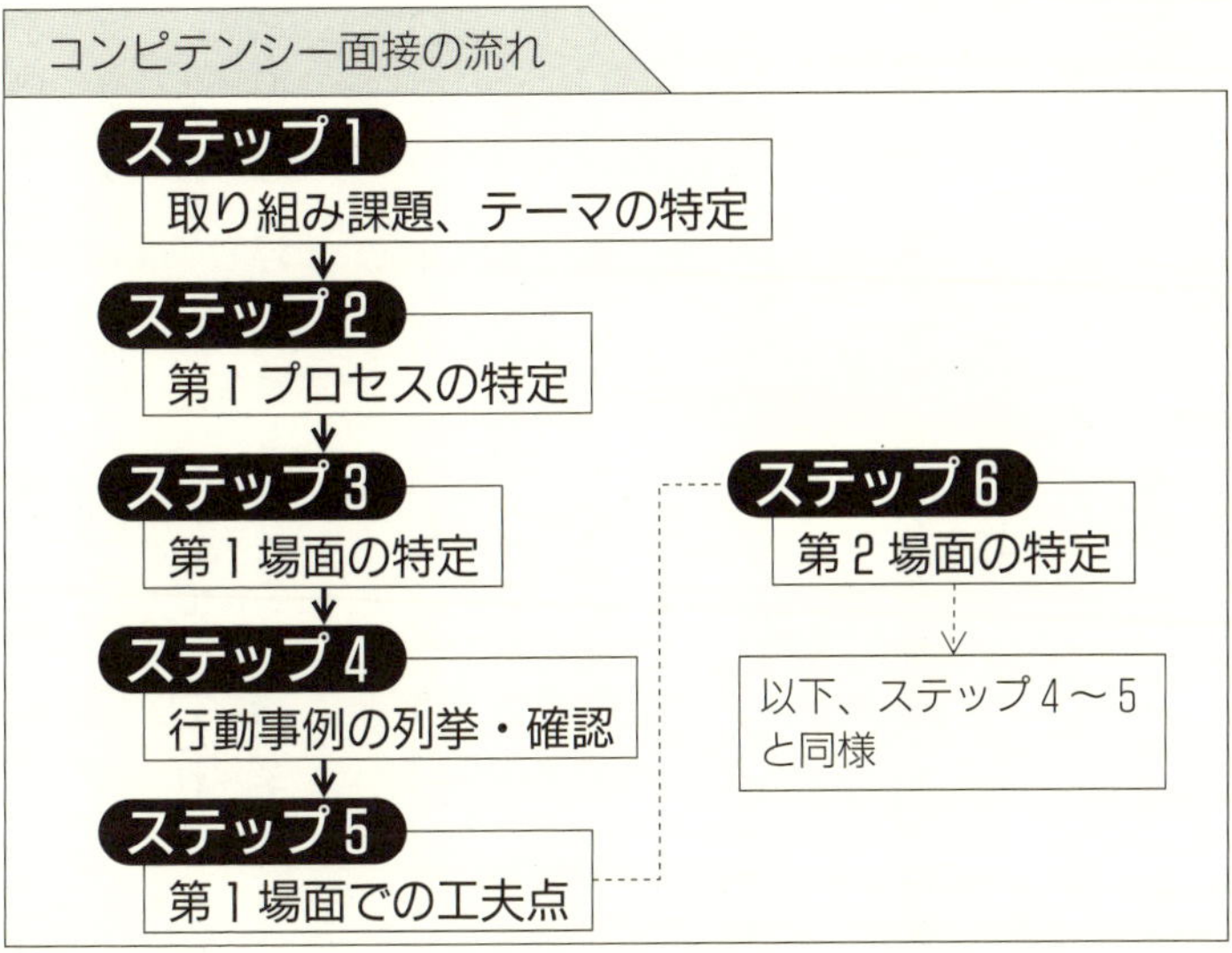

□ステップ1　取り組み課題、テーマの特定

応募者が過去1～2年で取り組んだ課題、テーマのなかで、もっとも力を入れて取り組んだことがらを特定し、面接全体の大枠となるテーマを絞っていく。

□ステップ2　第1プロセスの特定

ステップ1で特定した課題に取り組んだ際、まず最初に行ったことを尋ねる。するとたいてい目的達成のためのプロセスとして、「こんなことを行った」という回答が返ってくる。

□ステップ3　第1場面の特定

ステップ2で特定した「プロセス」も行動の実例ではあるが、直接コンピテンシーを測定するにはまだ抽象的、包括的なレベルにとどまっている。そこで、さらにそのプロセスに含まれる具体的な行動事例を引き出す。

すなわち、「いつ」、「どこで」、「だれと」、「何をしたのか」といった、ある「場面」を応募者に思い浮かべてもらうように誘導する。

□ステップ4　第1場面での行動事例の列挙、確認

ステップ3で引き出した場面のなかで、具体的に、「どのような行動をして、その結果がどうなったのか」を、時系列に沿って一つ一つ丁寧に確認していく。

常に、プラン、ドゥ、チェック、アクションのセルフマネジメントサイクルが行われているかどうかに留意し、その点の確認を重視するのがポイントとなる。

□ステップ5　第1場面での工夫点、困難を乗り越えた点の確認

ステップ4で第1場面における行動事例をほぼ聞ききれたと感じたら、最後に締めと確認を兼ねて、「特に工夫した点」、「苦労した点」などについて、あらためて行動事例がなかったかを尋ねる。こうした点には、コンピテンシーがもっともよく発揮されることが多い。

□ステップ6　第2場面の特定

ステップ5までで第1場面の特定および確認が終わったら、第1プロセスの行動事実の第2場面に話題を移し、そこでの行動事実をステップ4からステップ5と同様に確認していく。

さらにそれが終わったら第3、第4場面…と行動事実確認を展開する。

第1プロセス全体の行動事実を聞きつくしたら、第2プロセスについても場面にまで落とし込み、行動事実を確認する。

以下その繰り返しを行う。

コンピテンシーの具体性

●行動を思い出してもらうことから始めよう●

コンピテンシー面接は、事実確認法による評価のための面接手法である。そのため、面接時には、まずは、応募者にできるだけ多くの行動事例を正確、かつ詳細に思い出してもらい、語ってもらうことに集中することが重要となる。

つまり、すべての質問は、応募者の意見などを考えて答えてもらうためのものではなく、行動事実を思い出して答えてもらうためのものということになる。前述のステップ1からステップ6までのコンピテンシー面接の流れは、この視点に対応している。

また、**面接時には、しっかりとした記録をとるようにする。**

注意しておきたいのは、**その場で行動について評価を行う必要がない、むしろ行ってはならない**ということだ。インタビュー中は、まずは時系列を基本にひたすら行動事実の収集につとめ、評価および判断は、インタビュー後に行うようにする。

このように行動事実確認と評価を切り離し、評価は後回しにするのが上手にコンピテンシー面接を進めるポイントとなる。

●「具体性」という視点●

以上がコンピテンシー面接の概略であるが、これだけの説明では少々わかりにくいかもしれない。特にステップ2の「プロセス」からステップ3の「場面」を経て、ステップ4の「行動事例」を引き出す流れは理解しにくいと思われる。

そこで、この部分の流れを理解していただくために、それぞれのステップの進め方、質問例などを述べる前に、コンピテンシー面接の中核となる「コンピテンシーの具体性」という視点について詳しく見ておこう。

ここでは「リーダーシップ」という項目を例にとり、コンピテンシーの具体性とは何かを考えていく。

リーダーシップという抽象的な概念についてのコンピテンシーを見ようとしたとき、行動事実を尋ねる質問に対して、まず最初に返ってくる回答としては、

「後輩の育成機会をつくった」
「率先して行動をとった」
「具体的方針を提示した」
「公正な評価を行った」
「部下の参画を促した」

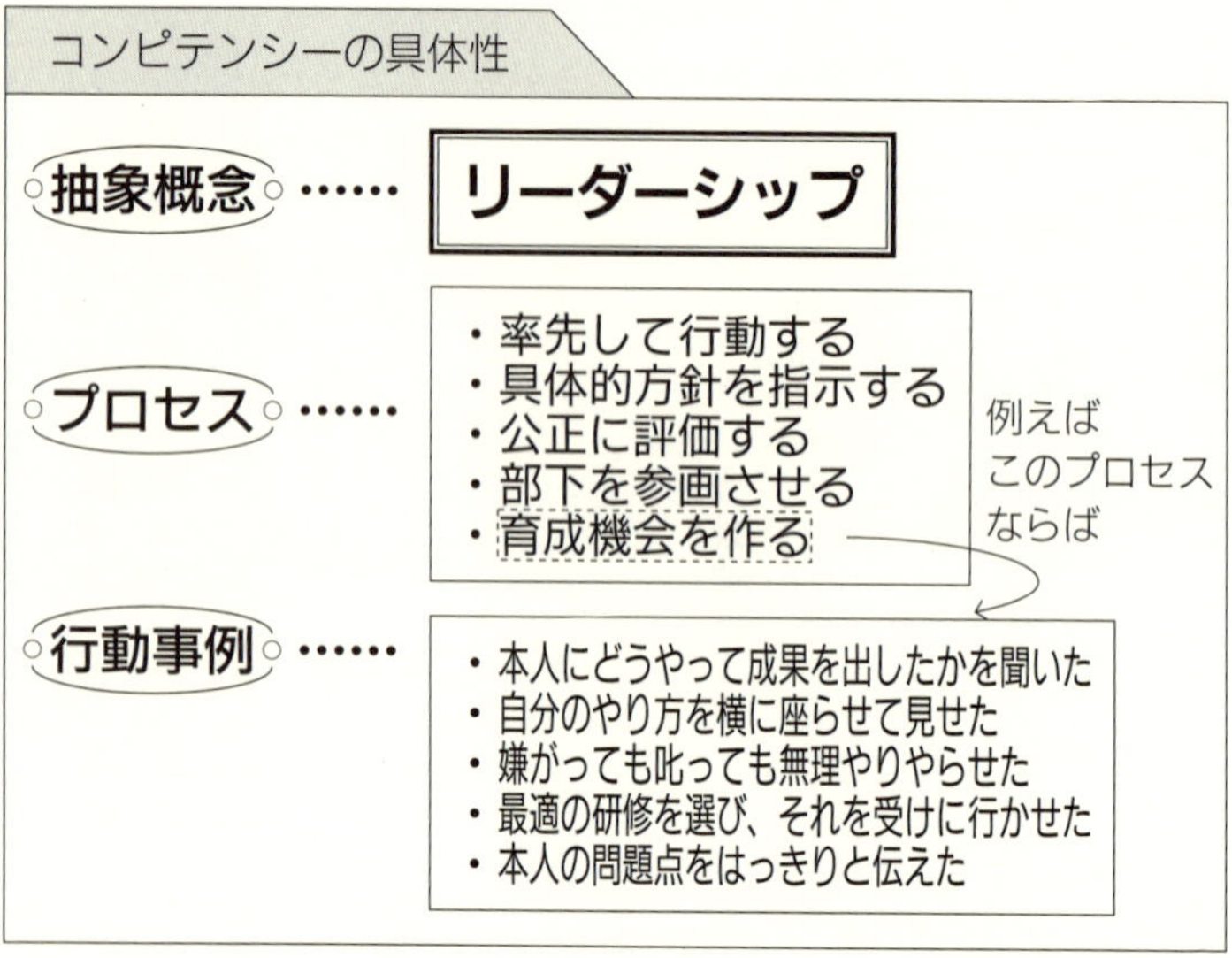
コンピテンシーの具体性
抽象概念 ……
リーダーシップ
プロセス ……
・率先して行動する
・具体的方針を指示する
・公正に評価する
・部下を参画させる
・育成機会を作る
例えば
このプロセス
ならば
行動事例 ……
・本人にどうやって成果を出したかを聞いた
・自分のやり方を横に座らせて見せた
・嫌がっても叱っても無理やりやらせた
・最適の研修を選び、それを受けに行かせた
・本人の問題点をはっきりと伝えた

などが予想される。

　しかし**これらは、行動の方向性、あるいは行動のプロセスであって、コンピテンシー評価の判断材料としてはまだ不十分**なのである。

　例えば「後輩の育成機会をつくった」というプロセスについていうなら、

「本人にどうやって成果を出したかを尋ね、自信と方法論の自覚を持たせた」

「後輩を横に座らせて自分のやり方を見せ、その後手取り足取り教えた」

「どこに問題点があるのかを分析し、徹底的に話し合って納得させ、やらせた」

「本人にとって最適と思われる外部の研修プログラムを推奨し、受講させた」

などといったところまで落とし込みを行

ってはじめて、コンピテンシー評価のための行動そのもの＝行動事例が明らかになってきたといえるのである。

では、ステップ2のプロセスの段階から、ステップ4のこうした行動事実の段階にまでの掘り下げを行うためにはどうすればいいのだろうか。これは、ステップ2とステップ4の中間に挟まるステップ3の「場面の特定」で行われるべきものなのである。

以上の点に留意しつつ、あらためて、順を追って各ステップをマニュアル化してみよう。

ステップ1 取り組み課題、テーマの特定

●出発点は「成果をあげた」と感じているテーマの引き出し●

コンピテンシー面接の第一歩は、受験者の取り組み課題、テーマを特定することからはじまる。

コンピテンシー面接全体の目的は、受験者がいかに、また、どのようなコンピテンシーを発揮し、成果をあげた経験があるかどうかを明らかにすることにある。そのためには、まずは**比較的近い過去に、本人が自分なりに力を入れて取り組み、成果をあげたと感じているテーマを引き出すことが出発点**となる。

最終的な成果（＝ゴール）までの山あり谷ありの過程（プロセス）を、受験者本人のなかで整理できており、語りやすいテーマを選ぶようにするのがいいだろう。

●ステップ1での質問例●

ステップ1での具体的な質問例としては、

「過去1～2年の間に、あなたが特に力を入れて取り組んだことには、どのようなものが

ありますか」

「その課題、テーマに、あなたはどのような関わり方をしたのですか」

「取り組みの結果として、どんな成果をあげることができましたか」

などがあげられる。

このような質問に対して、受験者が単に、

「サークル活動を頑張りました」

「アルバイトを長期間続けました」

というような答えをしてきたのであれば、それはコンピテンシー面接のための取り組み課題としては設定が甘い。

そこで、「サークル活動（アルバイト）のなかでいったい何をし、どういう成果があったのか」といったことが明らかになるように誘導を行う必要がある。

そのうえで、例えば、

「運動サークルの副部長として部員のまとめ役、調整役をこなし、大会で優勝することに貢献した」

とか、

「居酒屋のアルバイトで新しいメニューを提案し、店の売り上げアップにつなげた」

などの話が出てくればおもしろい。

逆にいえば、いくら聞いても、

「一生懸命頑張った」

といった主観的な修飾以上の言葉が出てこないようであれば、そのテーマにこだわらず、ほかのテーマがないか水を向けてみるようにする。

受験者の側から課題やテーマが複数示された場合は、コンピテンシー的な特徴をよく見ることができそうなテーマに絞っていかなければならない。ここでは、結果としての成果の大きさにこだわってはいけない。あくまでも、**成果の生み出され方の特徴がはっきりわかるテーマが望ましい。**

もし、最終的な成果が出ていなければ、中間的な成果でもかまわないし、また、成果が自己成長的な側面に限られていてもいい。

ステップ2　第1プロセスの特定

●プロセスを時系列で確認する●

ステップ1で課題、テーマが特定されたら、次に第1プロセスの特定を行う。

プロセスとは、取り組みスタートからゴールまでの大きな流れ、過程をいくつかに分割したものを指している。

プロセスの具体例としては、次のようなものがあげられる。

情報収集
調査
説得、交渉
原案づくり
周囲の巻き込み
育成
チームづくり

定期的なミーティング、会議
レポートの作成

通常のコンピテンシー面接では、これらのプロセスを時系列に沿って確認していく。第1プロセスとは、そのうちの最初のプロセスを指している。

●ステップ2での質問例●

よって、具体的な質問の形は、このようなものとなる。

「そのテーマに取り組むにあたって、まず一番最初にあなたがしたのは、どんなことでしたか」

ただし、この質問の段階で具体的な行動事実が回答として返ってくることは稀《まれ》である。

ステップ3　第1場面の特定

●プロセスをさらに具体化する●

ステップ3では、コンピテンシー評価を行う行動事例を引き出すため、プロセスをさらに具体的な局面に落とし込んだ第1場面の特定を行う。

ここでいう「場面」とは、時間（何月何日の何時ごろ）が特定されているシーン（最長でも1日単位）、あるいは固有名のある場所に固定されているシーンを指す。

言葉を換えれば、〝本人の頭のなかで、映像としてありありと具体的に回想できるシーン〟のことといってもいい。

場面の例としては、次のようなものがあげられる。

特定のミーティング、打ち合わせシーン
だれか（教授、先輩、後輩、仲間、アルバイト先の上司、お客さん）などとの対面シーン
資料収集のために出かけたり、パソコンの前で作業をしているシーン
自ら何かを書いたり、作成しているシーン

プレゼンテーションを行っているシーン
セミナー、講義、ゼミ、合宿などに参加しているシーン

受験者に対し、ステップ2のプロセスの段階から、いきなり行動事実を引き出すべく質問を行っても、なかなか明確な記憶を呼び起こすことが難しい。無理に引き出そうとしては、結果的に、コンピテンシーを発揮した行動事例があったとしても、それを表現することができない受験者が増えてしまう。

これでは、行動事実からコンピテンシーを測定するというコンピテンシー面接全体がうまく機能しない。

すなわち、このステップ3で第1場面の特定を行うのは、**受験者が過去の行動事例を思い出しやすくするための仕掛けづくり**なのである。そうした意味で、面接者の側が、場面の特定にうまく誘導できるかどうかは、コンピテンシー面接の成否のカギを握っているといえる。

●ステップ3での質問例●

あるプロセスに関して場面の特定を行う際も、時系列に沿って順番に思い出して答えてもらうようにすることが大切だ。

よってここでも、質問の形は次のようになる。

「(そのプロセスにおいて)具体的にまず最初にあなたがやったのは、どんなことでしたか」

「いつ、どこで、だれと、どんなことからはじめましたか」

特に、なかなか具体的な場面に落とし込むことが苦手な受験者には、いわゆる5W1Hの問いかけをすることによって、あくまで具体的なシーンを思い出してもらい、そこでの行動事実を思い出してもらうようにする。

受験者が、視線を上に上げて場面の記憶をたどるしぐさを見せるようになれば、コンピテンシー面接がここまで順調に進んでいるしるしといえるだろう。

ステップ4　行動事例の列挙、確認

●コンピテンシー面接にいう「行動」●

ステップ4で場面が特定されたら、次はいよいよそこにおける行動事実の確認を行う。

ここでいう「行動」とは、**本人が、成果を生み出すために実際に行った具体的なアクションのなかで、はっきりと記憶されているもの、**のことである。言い換えれば、

いつごろ（When）
どのような場面で（Where）
だれが何に対して（Who、Whom）
どのような意図、理由のもとに（Why）
どういう工夫を加えながら（What）
どんな行動をとったのか（How）
その結果どうなったのか

以上のことを受験者がイメージでき、面接者にきちんと語れるものである。

●ステップ4での質問例●

このような行動事実を引き出すためには、次のような質問を用いることになる。

「まず最初に何をしましたか」
「次に何をしましたか」
「ほかに何をしましたか」

基本的にはこの三つを繰り返す。

さらに、ポイントとなる部分については、

「なぜそうしたのですか」
「そこで加えた工夫はどのようなものですか」
「例えばどのようなことですか」
「特に苦労した点はなんですか」

といった質問を加えていくことになる。

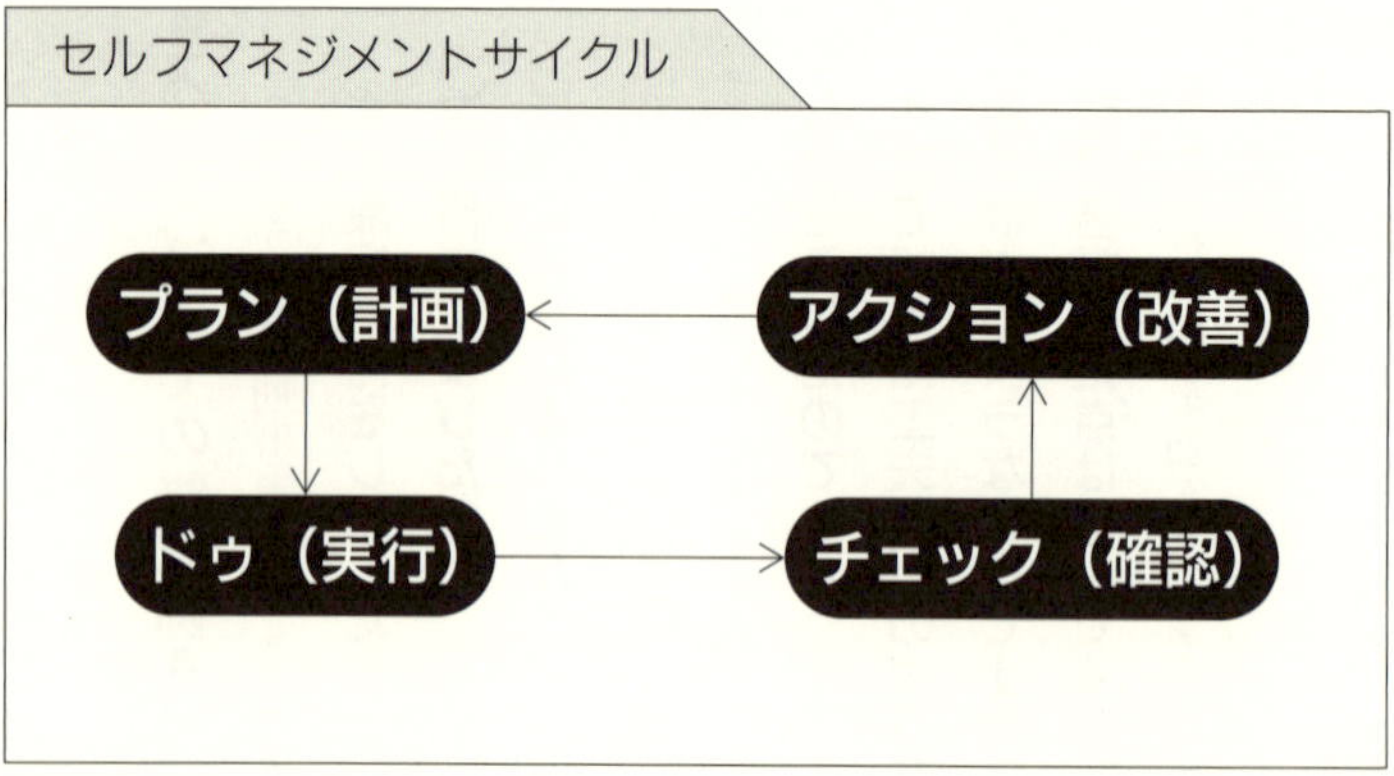

●セルフマネジメントサイクルを意識する●

面接者が、こうした質問を繰り返して行動事実を明らかにしていくとき、常に念頭に置かなければならないのは、受験者が語る行動全体に**プラン（計画）、ドゥ（実行）、チェック（確認）、アクション（改善）のセルフマネジメントサイクルがまわされているかどうかを見ること**である。

そもそもコンピテンシー面接の目的は、アメーバ増殖型のセルフマネジメント力を発揮できる人材をピックアップすることなのだから、一つ一つの行動がこのサイクルにはまるものであるかを頭の片隅に置いておかなければならない。

行動のレベル評価そのものは後回しでよいので、セルフマネジメント的な行動があったのか、なかったのか、あったとしたらどのようなものであったのかについて、やや深く掘り下げて聞いていくとよいだろう。

ステップ5　第1場面での工夫点、困難を乗り越えた点の確認

●第1場面の締め方●

ステップ4で第1場面における行動事例をほぼ聞ききれたと感じたら、最後に第1場面についてのクロージングをしっかり行う。

クロージングとは、具体的には、話題についての締めと確認を兼ねて、特に工夫した点、苦労した点について、あらためて行動事例の聞きもらしがないかを尋ねることである。

●ステップ5での質問例●

質問例としては、

「その場面で、一番大変だったことはどんなことでしたか」
「その困難を、あなたはどのように解決しましたか」
「その解決にあたって、何か独自の工夫を加えたこと、自分なりのやり方を見つけたようなことはありますか」

といったようなものが適切だ。

また、もしこうした質問に対し、特に特筆すべき行動事実が出てこなかった場合は、

「この場面でほかにやったことはありませんでしたか」

という点を最後にもう一度確認し、第1場面の問答を終える。

クロージングとして苦労を克服した行動事実、独自の工夫を行った行動事実を確認するのは、こうした点にも、コンピテンシーがよく発揮されるケースがあるからである。

第6章

受験者をしっかり見抜くための注意点

コンピテンシー面接のシミュレーション

●新卒採用でのコンピテンシー面接●

前章ではコンピテンシー面接の流れを詳しく説明したが、さらにリアルにイメージをつかんでいただくために、以下ではコンピテンシー面接を導入した際のシミュレーションをあげてみよう。

新卒採用で実施されるコンピテンシー面接は以下のようになるだろう。

面接者「あなたが学生時代にもっとも力を入れて取り組み、何らかの成果をあげたと思っている体験について教えてください」（**取り組み課題と成果の特定**）

学　生「私はオーケストラ部に入っており、3年次には副部長をつとめました。そのとき、アメリカで演奏旅行を行い、成功させることができました」

面接者「その演奏旅行を実現、成功させるために、あなたが最初にしたことは何でしたか」（**第1プロセスの特定**）

学　生「必要な資金を集めるため、OBや企業に支援を依頼することでした」

面接者「では、その支援の依頼のために、最初にしたことは何でしたか」（第1場面の特定）

学　生「部でミーティングを開き、どのように資金を集めるか、依頼の戦略や方法を決めました」

面接者「ミーティングの場では、あなたはどのような役割を果たしましたか。何か提案をしたのですか」（場面のなかでの行動事実の確認）

学　生「寄付を募るにあたって、OB個人に小口の寄付をお願いすることと、企業に比較的大口の寄付をお願いすることの二つに分け、それぞれ別個に対応していくことを提案しました」

面接者「その提案は、受け入れられましたか。結果、どうなりましたか」（結果の確認）

学　生「部内にアメリカ演奏旅行プロジェクトを発足させ、OB個人担当、企業担当の資金調達担当者をそれぞれ決めることでメンバーの合意を得ました。私自身は、企業担当の責任者になりました」

面接者「では、企業担当の責任者として、最初に何をしましたか」（ふたたび行動事実の確認）

学　生「航空会社や総合商社、グローバルに展開しているメーカーなど、アメリカと関係が深く、なおかつ文化活動への支援に熱心な企業をピックアップしました。
そして、そうした企業に勤めているOBとコンタクトをとりました」

面接者「どういう意図で、そうしたのですか」（**行動意図の確認**）

学　生「部のOBはさまざまな企業に就職しています。しかし、すべてをしらみつぶしにあたるのは効率的ではありません。ですから、そのなかでも今回の企画に賛同し、協力を申し出てくれる可能性の高い企業からアプローチしていこうと考えました」

面接者「実際、それぞれの企業にお願いをするにあたって、何か工夫をしたことはありましたか」（**工夫点の確認**）

学　生「各企業のOB訪問を担当する部員を、その企業や業種に将来就職を希望する者から選ぶようにしました。のちのち自分のためにもなるコネクションができるように配慮することで、より積極的に寄付集めの活動にも取り組んでもらう効果を狙いました。この点は部員からも好評でした」

面接者「そのほか、資金集めの戦略、方法を策定する段階で、何か特に行ったことはありますか」（**締めくくりの質問**）

学　生「ここでは、今お話ししたことがすべてです」

面接者「では次に、実際に企業に支援を依頼するところでは、最初に何をしましたか」

（第2場面の特定）

学　生「OBに文化活動支援の部署の担当者を紹介してもらい、実際にお会いして支援を依頼しました」

（……以下続く）

「場面」まで落とし込み、行動事実を確認する

●取り組み課題の特定●

コンピテンシー面接で、まずはじめに行うのが、取り組み課題の特定である。

面接者の質問の形は、

「学生時代にもっとも力を入れて取り組み、何らかの成果をあげたと思っている体験を教えて下さい」

というものになる。

先の例で学生は、「アメリカへの演奏旅行」と答えており、これが「取り組み課題の特定」にあたる。特定にあたっては、受験者がここ数年で取り組んだ課題のうち、もっとも力を入れたと自覚しているものをあげてもらうことが望ましい。人によっては、取り組み課題が複数あることも考えられるが、面接時間には限りがあるので、まずひととおりすべてを思い出してもらい、述べてもらったうえで、一つを選択させるような形にする。

最終的には、取り組んだ結果について何らかの成果があった地点まで語ってもらうわけだが、**ここでは成果の大きさは問わない。**特に新卒採用の面接の場合、受験者は学生であるた

め、成果が明確な形になっていないケースも多いが、そうした場合は、ひとまず中間的な成果でもかまわないし、自己成長的な側面を成果とみなしてもいい。

●プロセスの特定●

次に、プロセスの特定を行う。

すなわち面接者の質問の形としては、

「まず最初にあなたがしたことは何ですか」

といった形を取ることになる。

課題の達成のために、どういう過程を踏んだか、具体的なステップについて尋ねていくわけである。ただし注意しなければならないのは、ここで返ってくる答えは、まだコンピテンシー面接における「行動」の形になっていない点である。

例でいえば、「資金集めのためにOBや企業に支援を依頼した」というのは、一見すると行動のように見える。しかし、コンピテンシーを測定する材料としては、これではまだ十分に具体的な行動のレベルとはいえない。

●場面の特定●

そこで次に行うのが、場面の特定だ。

これについては、面接者の質問は、

「では具体的に、まず最初に、いつ、どこで、だれと（だれに）何をしましたか」

という形になる。

場面とは、要するに本人が頭のなかで映像として思い出せる記憶と考えていただければよい。例でいえば、「資金集めのためのミーティングを開いた」というのが、まさに場面にあたる。

プロセスの段階で行動事実を尋ねた段階では、どうしても抽象的な回答しか返ってこなかった受験者も、場面の特定に誘導する質問によってここまで落とし込んでいくと、さすがにかなり具体的に行動事実を思い出して述べやすくなる。ここにコンピテンシー面接のテクニックの大きなポイントがある。

この段階では、行動について、その行動が生み出した結果を同時に聞いていくのも有効な方法だ。というのも、行動→結果→行動→結果→行動……というように、芋づる式に行動事実を引き出すことができるからである。

コンピテンシー面接を上手く進めるポイントは、何といってもたくさんの行動事実を語っ

てもらうことだ。そのためにも、結果を尋ねることで次にどんな行動をとったかを流れるように思い出させやすくすることが重要になるのだ。

また、すべての行動事実についてその意図を尋ねる必要もないが、気になったところ、確認しておきたいと感じたところでは、しっかりその点もヒアリングしておく。行動の意図の確認は、コンピテンシーのレベル感を判断するうえで重要な指標になるからだ。

●工夫した点、苦労した点●

場面についての行動事実がひととおり聞き出せたら、特に工夫をした点、あるいは苦労した点とその解決方法などを確認して、次の場面、さらに次の局面へと質問によって誘導を行っていく。

コンピテンシー面接の基本は、場面に落とし込んで行動事実を確認することを常に意識しつつ、

「最初に？」
「次に？」
「ほかに？」

という質問を繰り返していくことにあるといえる。そのなかで、適宜、

「理由は？」
「工夫は？」
「苦労は？」

といった質問を織り交ぜていくというイメージだ。

コンピテンシー面接の面接者をつとめるにあたっては、事前にある程度のトレーニングをしておくことが望ましいのであるが、最低限おさえておくべきポイントはそう難しいものではないことはおわかりいただけたのではないだろうか。

コンピテンシー面接を行う際の注意点

●面接開始後の5分間が肝心●

コンピテンシー面接を行う際、面接者が心がけておくことは、受験者に何をどう答えればいいのか、早い段階で明確に認識させることである。そのためには、前述までのような手順で、行動事実を明らかにするための具体的でかつ適切な質問で受験者をリードしていくことが重要になる。とりわけ冒頭の5分間で、面接の意図がしっかり伝わる質問の仕方をすることが大切だ。

受験者のなかには、自らのポリシーや知識を述べたがったり、積極性や熱意といった抽象的なポイントを強調したがったり、将来の展望や希望ばかりを語りたがったりする人などが少なからず含まれる。

面接者がそのペースに乗り、巻き込まれてしまうと、受験者のこれまでの行動事実を引き出すことができず、コンピテンシーの評価に結びつけることが不可能になってしまうため、注意が必要だ。

また、面接者側が一方的に語りすぎてしまったり、スキーマをつくってしまっても、コンピテンシー面接はうまくいかない。これらの点は常に念頭において、話題が逸脱しないように気を配る必要がある。

また、先ほどの例でもわかるように、コンピテンシー面接は、ともすれば刑事が容疑者を相手に調書をつくる尋問のようになってしまう危険性がある。しかし、これらの質問テクニックは、あくまで受験者に的確な内容の話をたくさん語ってもらうためのものであるため、詰問調にならず、リラックスした雰囲気をつくることにも配慮してほしい。

●簡易型コンピテンシー面接●

コンピテンシー面接は、かなり細かい点まで行動事実を深掘りして聞く手法であるため、どうしても受験者一人あたりにある程度の面接時間をかける必要が出てくる。理想をいえば、1時間ほど時間をかけて、じっくり話を聞くのが望ましい。

しかし、実際の採用の現場では、多数の受験者を相手にしなければならないことが普通だ。そうした場合、例えば新卒採用の初期選考（一次、二次面接）でコンピテンシー面接を行う際には、やや簡易型のインタビュー手法を用いることも考えられる。

簡易型のコンピテンシー面接においても、まず取り組み内容、成果を確認する点は同じだ。ただしその後の行動事実の確認の段階では、新たな工夫をした点、あるいは苦労した点およびその解決方法を中心に、行動の意図と行動事実を押えていくようにする。

なぜなら、新たな試みや独自の工夫、問題を解決する場面において、もっともコンピテンシーは発揮され、レベル評価につなげやすい行動事実がうまれやすいからだ。いずれにせよ、行動事実をしっかり確認する点には常に気をつけておく。

高いコンピテンシーを発揮する人は、この簡易型コンピテンシー面接だけでも、興味深い行動事実がたくさん出てくる。多数の受験者からある程度の絞り込みをするには、これも十分に有効な方法だといえる。

簡易型コンピテンシー面接については、第9章で説明しているので、参照していただきたい。

コンピテンシー面接と顧客満足

●コンピテンシーレベルが高い人にはある程度の共通点がある●

コンピテンシー面接を数多く経験してくると、高いコンピテンシーを発揮する人にはある程度共通する特徴があることが見えてくるはずだ。

まず第一に、**高いコンピテンシーを発揮する人は、行動事実の記憶が非常に明確である、**という特徴がある。

人間は、自分の頭で考え、さまざまな手をうち、工夫して自ら実行したことは、時間が経ってもなかなか忘れないものだ。一般的に、いきいきと詳細まで行動事実を語ってくれる受験者は、たいてい多くの項目で高いコンピテンシー値を示すことになる。

また、こうした人は、**行動事実の種類が実に多様にあらわれてくる、**という特徴もある。すなわち、いつでも特定のパターンでしか行動できない人に比べ、たくさんの引き出しからそのときどきに応じてあの手この手を使い分けることができるのである。行動に柔軟性があるといってもいい。

さらにいえば、当然のことながら、**一つ一つの行動レベルが高い。**

ちょっとした行動にも、自分なりの味つけがあり、当たり前の行動にプラスアルファがある。

これらの点については、コンピテンシーの見分け方の項でも後述する。

●学生も顧客になりうることを忘れない●

ここで、採用にコンピテンシー面接を導入することによる、隠れた、しかし非常に重要なもう一つのメリットについても指摘しておく。

それは、受験者に対する顧客満足ということだ。

もともと高いコンピテンシーを持ち、能力を成果に結びつける力を持つ受験者にとってみれば、採用面接の現場で上手なコンピテンシー面接を受けることで、一種の快感を覚えるといってもいいだろう。

なぜなら、自分自身が過去にあげた成果の詳細を微にいり細にいり語る場を、採用面接としてわざわざ設定してくれたようなものだからだ。そのうえで採用通知を受け取ったとなれば、自分自身の価値を正当に、全面的に認めてもらったという満足感が得られるのはいうまでもないだろう。

今日、求人市場は買い手市場といわれるが、ことコンピテンシーの高い、アメーバ増殖型の人材に関しては完全な売り手市場となっている。要するに、できない人はどこの企業も欲しがらないが、できる人は多くの企業による奪い合いの状況なのだ。

とすれば、**採用面接の段階で、高い顧客満足を与えることは、企業が実際の採用を有利に進めるうえで非常に大きなアドバンテージとなる。**実際、われわれが事後的に行ったアンケートによっても、複数の企業から採用通知を受け取った受験者が最終的に入社する企業を決めるポイントとしてトップだったのが、面接時の印象であるという調査結果が出ている。

一方で、結果的に不採用になった人にとっても、コンピテンシー面接という自覚のうえで本人の実力が明確にわかる面接手法は、納得度が高いものといえる。

不採用になったことへの悪感情が残るどころか、むしろ企業イメージがアップし、逆に長い目で見れば自社商品の顧客になってくれる可能性が高いといえるだろう。顧客満足という問題は、経営全体の課題として浮上してきているが、人事採用の側面においても無関係な話ではない。そうした観点からも、コンピテンシー採用は注目を集めているのである。

コンピテンシー面接をアレンジする際は注意が必要

●自分なりのアレンジをしてもよい●

最後に忘れないでいただきたいことがある。以上述べてきたコンピテンシー面接の方法は、過去に数多くの人材に対するインタビューを行うなかで、「こうすれば一番効率よくコンピテンシーのデータを取ることができる」と感じ、つくりあげたものである。したがって、当然、実際の採用面接では、このやり方にこだわりすぎることなく、**自分のやり方で応用していただいたほうがよい。**

ただし、その際には、以下の二点だけは留意していただきたい。

①相手が話す個々の内容について、すべて「それに関してどのような行動をとったのか」という質問を加えること。

②相手の回答内容にいちいち判断を加えず、とにかく行動事実データの収集に集中すること。

●人間の癖と特性を理解する●

どうも人間はだれかに面接を行うとなると、二つの癖が出る。

一つは、**行動事実ではなく「考え方」を聞けば、相手の本質がよくわかると信じ込む癖。**

もう一つは、**自分の質問にどう反応するかで相手を試してやろうとする癖。**

この二つの癖が先に述べたように、受験者が感じたことを確認してしまったり、圧迫面接を頻繁に行ってしまうことにつながるのである。

もう一度確認しておこう。

この二つは面接では何も意味がない。むしろ弊害が出るのだ。

人間には**「考えを聞かれると平気でうそをつく」**という不思議な特性がある。自分で本当にそう考えているわけではなくても、何かを聞かれると「その問いに対する最もよい答え」を探そうとするのだ。その答えが自分の考えとはまったく反対だったとしても、それを平気で人に話し、結局はうそをついているのだが、そのことに対する罪の意識もほとんど感じない。

その一方、**過去に自分がとった行動について聞かれると、99％以上の人は、うそをつくことに大きな抵抗感をおぼえ、正直に「こうした」「何も行動しなかった」と答える**のだ。

考え方を聞いても、「そのように考えているから、将来においてもその考えに基づき行動し、成果を生み出す」という保証はほとんどない。しかし、行動事実についていえば、実際にそのような行動をとっているのであれば、今後もその行動をとることができる可能性は高く、その行動を通じて生み出される成果への期待も高くなるはずだ。

●行動事実の収集を忘れない●

また、行動事実のデータ収集に集中することも非常に大切である。

コンピテンシー面接は、インタビューというよりも、調査と考えたほうがイメージに合う。**その受験者が、今までにどんな行動をとったという事実があるのか、その行動事実データを時間が許す範囲で、できるだけ多く収集しようとするのが、このインタビューの最大の特徴だ。**多くのデータを集めておき、インタビューが終わったあとから、それらのデータをもとに受験者のコンピテンシーを判断すればよいのである。

逆に、インタビューの最中に、行動事実データをとらず、ただ議論だけを行っていては、受験者のうそが入っている可能性の高い考え方だけがデータとして取れているだけで、インタビュー終了後、判断に使える材料がまったくないという事態になりかねない。また、「こんな回答を優秀な学生がするはずがない」「これはすばらしい答えだ」などのように、相手の回答にいちいち判断を加えていては、あっという間にスキーマをつくり、あとは、そのスキーマによって「正しい」とされる方向に誘導する質問をインタビューのなかで繰り返すことになるだけだ。

「行動事実を集めることだけに徹し続ける」

これがコンピテンシー面接の真髄である。この点だけは忘れることなく、あとは自由なスタイルでコンピテンシー面接を応用したほうが、自然なインタビューになるだろう。

第7章

コンピテンシーをどう評価するのか

コンピテンシー評価の原理

●行動事実の集積に真の姿がある●

前章まで、コンピテンシー面接の考え方とその実際の方法を、実例も引用しながら解説してきた。

まず面接の場では「場面」にまで落とし込みを行い、できるだけ数多くの行動事実を引き出すことに集中する。

プラン、ドゥ、チェック、アクションのセルフマネジメント・サイクルに沿った行動があったかどうかをさしあたり意識する。評価、判断はひとまず行動事実の引き出しとは切り離し、後回しにすることなどがポイントであることも述べた。

面接の現場では、実に雑多な、さまざまな行動事実が生の姿で採集されるが、ひとまずその場ではそれをできるだけ詳細に記録しておくようにすることも重要なポイントだ。

ここからは、このようにして明らかになってきた行動事実を、コンピテンシーの視点からどう評価するかという問題へと話を進めていくことにする。

●コンピテンシーは〝アメーバ増殖型人材〟を採用するためのもの●

行動事実の評価について考えるにあたって、原点に戻り、何のために採用にコンピテンシー面接を導入する発想が生まれてきたのか、そもそもコンピテンシーとは何だったかという定義に戻ってみよう。

採用にコンピテンシーの視点を導入するそもそもの理由、問題意識とは、アメーバ増殖型ビジネスを展開できる人材を、もれなくピックアップすることにあった。

そして、**コンピテンシー的な視点とは、そうした人材を見分けるための手段であり、より具体的には、「成果につながる能力」、あるいは「能力をいかに成果につなげられるか、その還元度合いのうまさ」を指すもの**だった。

コンピテンシー面接で受験者の過去の行動事実を収集するのも、すべてはこのコンピテンシー測定のための材料集めであったことを、もう一度確認しておきたい。

すなわち、行動事実の評価とは、コンピテンシー的な視点から見た能力評価を行うことであり、過去の行動事実から、どれだけ将来にわたり成果を再現し生み出すことができるかを予測し、測定するためのものなのである。そこで、**「セルフマネジメントのサイクルをまわし、能力をいかに成果につなげることができるか」**という視点から、あらためて行動事実を評価しなおす必要がある。その手法を以下に紹介していこう。

コンピテンシーの〝レベル〟

●コンピテンシーにはレベルがある●

まずはじめに、具体的な行動事実の評価の前提となり、また、コンピテンシー評価に欠かせないコンピテンシーの〝レベル感〟という考え方について述べておく。

すでに本書でも、「コンピテンシーが高い」「コンピテンシーが低い」という表現を使ってきているが、これについては、おおよそのイメージは皆さんもつかんでいるだろう。しかし、実際に評価の材料としてコンピテンシーを用いる以上、だれにでも理解しやすい「コンピテンシーの高さ（低さ）」の基準が必要となる。

そこでわれわれは、成果を生み出すに至った行動について、コンピテンシーのレベルを以下の5段階に分けて概念化した。これを、**コンピテンシーのレベル感**と呼ぶことにする。

強調しておきたいのは、この「コンピテンシーの高さ（低さ）」の基準が、あくまで「行動事実をどう評価するか」にかかわる具体的手法とイコールで結べる点だ。つまり、**この基準は抽象的、評価者の主観に左右されるものではなく、きわめて実際的、客観的なものなのである。**行動事実に対応した事実確認法による以上当然のことなのだが、コンピテンシー評価の基準がけっしてぶれることがない、という根拠はここにあるのである。
5段階に分けたそれぞれのレベル感は、次のように定義される。

レベル1　部分的・断片的行動（受動行動）
レベル2　やるべきことをやるべきときにやった行動（通常行動）
レベル3　明確な意図や判断に基づく行動、明確な理由のもと選択した行動（能動行動）
レベル4　独自の効果的工夫を加えた行動、独創的行動、状況を変化させよう、打破しようという行動（創造行動）
レベル5　まったく新たな、周囲にとっても意味ある状況を作り出す行動（パラダイム転換行動）

●行動の量とレベルは無関係●

それぞれのレベル感の詳細については次項以降で述べるとして、レベル感を見る際に誤解されやすい重要な注意点を先に述べておく。

まず一つめに、**行動事実からコンピテンシーのレベル感を見るとき、行動事実の量が多いか、少ないかは評価とは関係ない**ということだ。

コンピテンシー面接を行う際には、できるだけたくさんの行動事実について話を引き出すようにするが、かといってたくさん行動事実があればその人のコンピテンシーが高いということにはならない。

いくら量的には多くの行動事実があっても、それが成果を生み出す過程に果たした意味、位置づけにおいて、レベルの低いものばかりであれば、コンピテンシー評価は低くなる。逆に、数は少ないとしてもその行動事実のなかに、きらりと光るレベルの高いものがあれば、コンピテンシー評価は高くなる。後述するように、**ハイパフォーマーといえども常にレベル感の高い行動を行っているわけではない**ことは覚えておこう。

●成果の大きさもレベルとは無関係●

さらにもう一つ注意すべきことは、コンピテンシー面接から引き出された**行動事実の最終的な成果の大きさもまた、評価とは関係ない**ということだ。

コンピテンシーとは、あくまで「能力を成果に還元するうまさ」のことである。つまり、成果を生み出す過程、行動のプロセスにおけるセルフマネジメント力に注目するのがコンピテンシーのレベル感評価のポイントなのだ。

最終的な成果が小さくても、過程においてレベル感の高い行動事実があれば、コンピテンシー評価は高くなる。

一方で、**成果は大きくとも、過程における行動事実のレベル感が低いものしか見当たらなければ、コンピテンシー評価は低くなる。**

ここで述べた二つの注意点については、レベル感の解説を進めるなかでも随時触れていくが、いずれにせよ、事実確認法に基づき行動事実からコンピテンシー評価を行う際には、最終的な成果に注目するのではなく、成果を生み出す過程、成果の生み出し方に注目するという大原則が一番重要であることはしっかりと頭に入れておこう。

では、以下、受験者の答えた行動事実がコンピテンシーのどのレベルに位置するのかを判断する基準について説明していこう。

行動事実のレベル分け

●レベル１　部分的・断片的行動（受動行動）●

コンピテンシーレベル１は、「部分的・断片的行動」である。

これは、行動がない、あるいは成果の観点からマイナスだった行動（問題行動）を意味するのではない。ひとまずは、**何らかの意味で成果にプラス方向の行動があったことを前提に**している。ただしその行動は、

「だれかに言われたからやった」

「やらざるを得ない状況に追い込まれたからやった」

という、何ら主体性がない、バラバラのものだった場合を指す。

コンピテンシー面接を通じて、まったく行動事実が出てこないことはめったにない。しかし、いくら質問を繰り返しても、ほとんどの行動がこのレベル１にしかあてはまらない受験者はときどきいる。

例えばアルバイト経験を尋ねても、「指示されてやった」「言われたからやった」の連続で、本人のなかで整合性ある一連の行動がなく、きわめて場当たり的な行動事実しかないような

場合である。

どれほど指示されても、あるいは状況的にやらざるを得ないように追い込まれても、何らの行動を起こせない人もいるであろうから、そういった人に比べれば、レベル1の行動は「まだマシ」とはいえる。行動しない（あるいは問題行動をする）ことで周囲に問題を引き起こすよりは、レベル1の行動でもあったほうがいい。

しかし、**セルフマネジメントのサイクルをまわすことで成果を生み出すというコンピテンシー的な基準からすると、レベル1は最低ランクの行動と評価せざるを得ない。**

●レベル2　やるべきことをやるべきときにやった行動（通常行動）●

コンピテンシーレベル2は、「当たり前の行動」である。

これはレベル1とは違い、**それなりに「自分で意識をして起こした行動」に含まれる。**とはいえ、**「この状況なら、だれでも普通はこのようにするのが当然だ」**と考えられるような行動を指す。ルーティンワークのなかで、なかば条件反射的に繰り返している行動などもこれに含まれる。

もっとも典型的なのは、ファーストフード店で、通常のアルバイト業務をこなすような行動である。そこでやるべきことは、ほぼ完璧にマニュアル化されているから、アルバイト側はそれを覚えて、そのままに実行すればいい。接客であれば、笑顔で出迎え、注文を取り、オーダーをし、商品を出し、レジを打つ。一連の作業を行うには、一定の意識化が必要ではある。言われなくても、自分でこれぐらいはやってもらわないと、仕事としてはまわっていかない。そういう意味で、こうしたレベル2行動は、レベル1行動よりワンランク上の評価はできる。

一方で、通常、これら一つ一つの作業に取り立てて独自の工夫を加える必要がない。別の言い方をすれば、独自の工夫を加える必要がない、あるいは、**複数の選択肢から自分が取るべき行動を自分で選ぶというような、自分の頭を行動のために使う必要がないのがレベル2の特徴ということもできる。**

よって、やはりこのレベル2の段階でも、セルフマネジメントから成果を生み出すという視点から見れば、高い評価を与えることは難しい。

しかし、考えてみれば、ふつうの人間が日常生活でとっている行動のほとんどは、「その場で与えられたふるまいをする、役割を遂行する」というこのレベル2に含まれるといってもいい。それゆえ、**コンピテンシー面接のなかで、このレベル2の行動事実がたくさん出てくること自体は必然**という部分もある。

問題は、その先にさらに高いレベルの行動事実があらわれてくるかどうかなのである。

●レベル3　明確な意図や判断に基づく行動、明確な理由のもとで選択した行動（能動行動）●

レベル3は、**「ある状況のなかで、本人の判断の要素が入ってくる行動」**を指す。

こういうこと、ああいうことといった複数の選択肢のなかから、最適と考えられる方法を選択してとった行動である。レベル2にあてはまる行動には理由がないのに対し、レベル3では行動に明確な理由がある、という言い方もできるだろう。この点で、レベル3はレベル2以下と大きな差がある行動と評価することができる。

ある状況のなかでとることができる行動が複数あるケースに出会うことは、しばしばある。そのときに、**自分なりの判断基準から、明確な意図をもって、最良と思われる行動をとることができるのは、成果を生み出すうえで一定の価値がある。**

例えばアルバイトという行動体験のなかにも、与えられたマニュアルの一歩先に、経験や知識から改善、改良を加えて自分なりのやり方を生み出した、というものがあるだろう。このような行動は、コンピテンシーレベル3にあてはまるのである。

今日の若者の状況を考えると、レベル1、レベル2の行動に甘んじ、レベル3の行動事実がなかなか出てこないケースも多い。そう考えると、このレベル3の行動事実があるかないか、しっかり確認をすることが重要となる。

ただし、レベル3はコンピテンシー的に十分に高い評価ができるのかといえば、答えは「NO」だ。**これからの企業社会で、アメーバ増殖的に活躍するためには、レベル3の行動ではまだ足りない**のである。次のレベル、すなわちコンピテンシーレベル4の行動は欲しいところである。

●レベル4　独自の効果的工夫を加えた行動、状況を変化させようという行動（創造行動）●

コンピテンシーレベル4は、「セルフマネジメント（工夫・状況変化）行動」である。

これは、**こんな成果を出したい、しかしそこで状況が阻害要因となっているとき、状況そのものを変えることによって成果を生み出していく行動**を指す。

状況に対応して自律的に行動するというだけであれば、それはあくまでレベル3の行動である。一見すると自らの判断に基づき、自律的に行われている行動であっても、それがレベル3にとどまっている限り、全体的な状況に阻害要因がある場合には、その先の成果につなげることができない。

では、レベル3以下とレベル4以上の差を分けるポイントとは何だろうか。

それは、**「条件、状況に従属する行動か、あるいはそれに働きかけ、変革する行動か」**の差だ。レベル3は、目の前の現状を前提とし、そのなかでの選択、行動にすぎない。ここにレベル3の大きな限界がある。
典型的な例をあげてみよう。

「アルバイト先で、自分一人の裁量である担当業務に関し『このようにすればいい』と考え、すぐにできる改善を行った。しかし、それ以上のことについては、組織全体で実現するのは無理だった」

という人がいる。これに対し、

「自分の業務を越え、上司を説得し、まわりにも働きかけ、組織全体の仕事のやり方まで変えた」

という人もいる。

こうしたエピソードを具体的に何をしたのかとともに聞き取れた場合、前者はレベル3、後者がレベル4の評価に値することになる。レベル4の行動が、状況への従属から状況への変革へ、大きく一線を踏み越えていることがおわかりいただけるだろう。

すなわち、自分なりの工夫によって状況変化を生み出してはじめて、レベル4ということができる。いうまでもなく、こうした行動を生み出すには、ものごとの最初から最後までを見通し、プラン、ドゥ、チェック、アクションのセルフマネジメント的なアプローチをとることが不可欠となる。

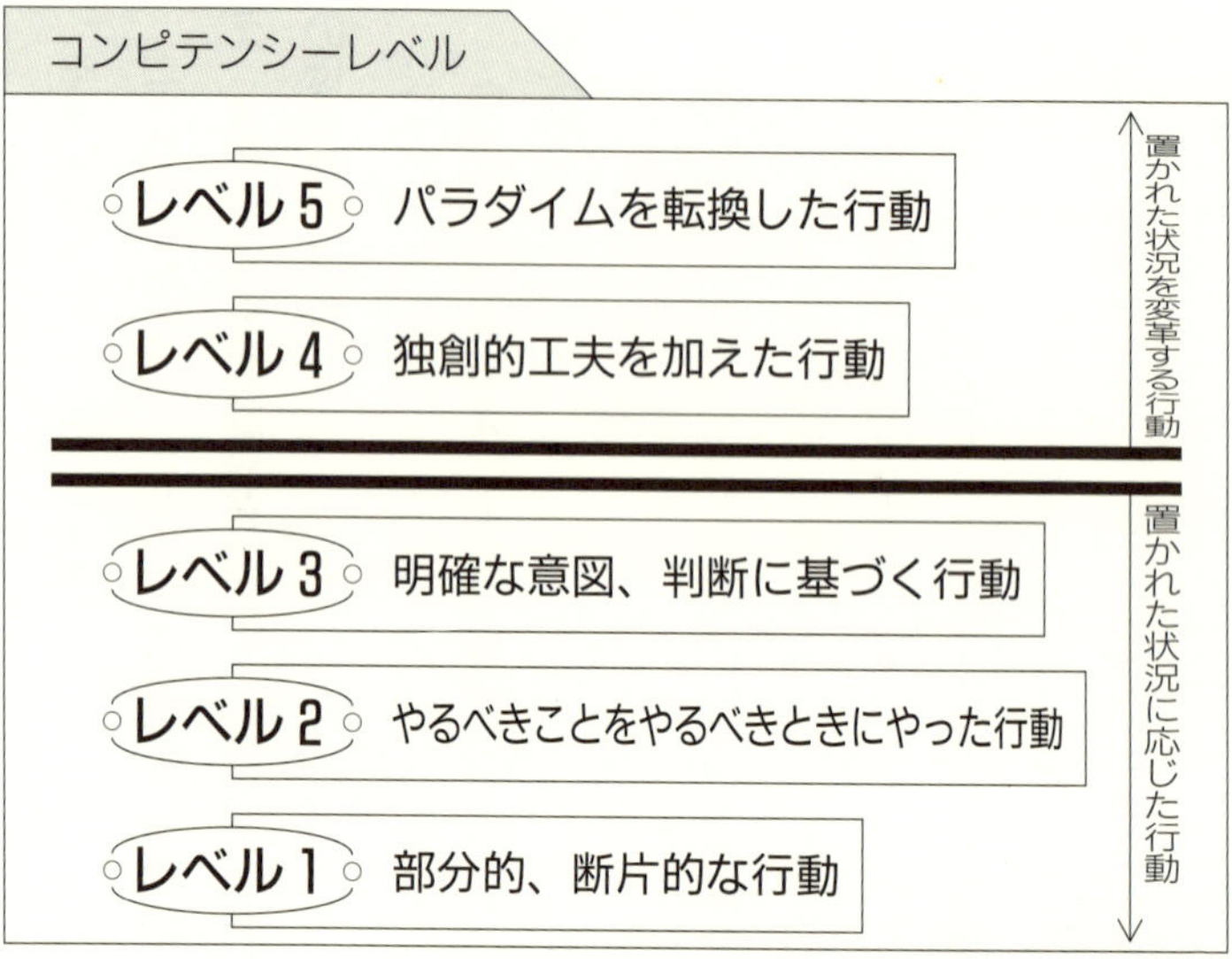

逆にいえば、**インタビューのなかで、行動事実を時系列を追って聞いていったとき、プラン、ドゥ、チェック、アクションの段階が見て取れる場合、それはレベル4に達している場合が多い。**

自分で考え、間違いなく判断し、それを実行する。

そして、その過程や結果において、うまくいかない状況があれば、その状況を動かし、変化させるアクションをとって、成果を出す。

こうしたセルフマネジメントのアプローチに合致するのが、レベル4の行動の特徴といえる。

●レベル5　まったく新たな、周囲にも意味ある状況を作り出す行動（パラダイム転換行動）●

コンピテンシーレベル5は、「パラダイム転換行動」である。

これはレベル4の状況変化のさらに上をいく。**今、目の前にある状況はむしろ放置し、それとはまったく異なる別状況をつくるような行動を指す。**放っておいても成果がすべてこちらになびいてくるような新しいモデルをつくる行動がこれにあたる。

すなわち、これまでの状況をひっくり返し、皆がこちらに乗っかってくるような、俗にいう「マグネット」的な行動がレベル5にあたる。

自分で新たなビジネスをつくり、それを拡大するためには、まさにこのレベル5の行動を発揮していくことが基本となる。新しいビジネスとは、従来の考え方、パラダイムを転換し、今までだれもやらなかったことを、やらなかった方法、仕組みで展開していくことが必要だからである。

プラン、ドゥ、チェック、アクションのセルフマネジメントが見られるのがレベル4とするならば、さらにそれを拡大するアメーバ増殖的な行動事実が見られるのがレベル5ということもできる。

そういう意味では、レベル5の行動ができるということは、新しいビジネスモデルを創出するための即戦力といえるわけだから、そのようなレベルにある人材は、当然、希少価値ということになる。

　われわれが多くの企業の採用にコンピテンシー面接を導入してきた経験からすれば、レベル5の行動事実を持つ人材はだいたい一〇〇〇人に一人しかいない。ちなみに、レベル4の行動事実が見られる人材は一〇〇〇人に五〇人といったところである。

第8章

このレベルが「できる人」

コンピテンシーレベル4以上の行動事実がある人材を採用せよ

●コンピテンシーレベル3と4の間にある差●

前章では、コンピテンシー評価の基本として、その根本的な考え方、および五段階に分けたレベル感について解説した。

ここでは、前章で説明したレベル感を踏まえて、コンピテンシー採用をどのように行っていくのかを述べることにする。

結論から言おう。

コンピテンシーレベル3までの行動事実しか出てこない人材と、レベル4以上の行動事実がある人材の間には、採否に関する大きな一線がある。

すなわち、**コンピテンシー採用の第一のポイントは、レベル4以上の行動事実が確認できた人材をまずはもれなく選び出し、採用することにあるのである。**このレベル4を発揮できる人材こそが、セルフマネジメント型の人材、すなわちアメーバ増殖できる可能性を持った人なのだ。自分で間違いなく判断し、それを実行できる（つまりプランとドゥ）だけであれば、レベル3の発揮にとどまっている。ところが、セルフマネジメントにはもう一つの定義が加わっていたはずだ。「進捗確認のうえ、どうも成果が出ないという状況であった場合には、その状況でも成果を出せる工夫や、状況そのものを転換させるアプローチを打つことができる」（チェックとアクション）というのがセルフマネジメントであった。これはまさにレベル4の定義である。

●レベル4以上の人こそ投資価値の高い人材●

レベル3とレベル4の間の差については、前章でも簡単に述べた。すなわち、**レベル3以下の行動は、状況に「従属した行動」**であり、**レベル4以上の行動は、状況を「変容させる行動」**である。この両者は、「成果を生み出すため」というゴール地点から振り返ってみたとき、大きく位置づけが異なる行動なのである。

再現性のある成果を生み出してきた経験がある人材は、未来にわたってもふたたびみたびと成果を生み出す確率が非常に高い。それゆえに、市場価値＝投資価値が高い人材である。

レベル3以下の行動しかとれない人材は、投資価値があまり高くない。

「今ある状況のなかでできることはする」ということは、「できることしかやらない」ということとイコールといってもいいだろう。つまり、**レベル3の行動しかとれない人材が成果を出せるかどうかは、自分が置かれた状況に大きく左右されるということになる。**わかりやすい例でいえば、相性のいい顧客、得意なテーマ、課題については成果が出せても、相性の悪い顧客、不得意なテーマ、課題に対しては成果が出せなくなってしまう。

一方で、レベル4以上の行動がとれる人材は、未来にわたって成果を再現する可能性が高い、投資価値の高い人材であるといえる。**今ある状況そのものを変え、打破することができるレベル4以上の行動がとれる人材は、状況に左右されず、成果が出せるからだ。**仮に相性が悪い顧客、不得意なテーマ、課題であろうとも、そんな状況そのものを変化させ、成果につなげられるのが、こうした人材の特徴なのだ。

企業としては、レベル4の人材が欲しいのは明らかだろう。コンピテンシー採用では、レベル4以上の行動を発揮できる人材の掘り起こしに主眼をおくべきなのである。

人材資源論と人材投資論

●人材を足し算で考える人材資源論●

やや別の角度から、レベル3以下の人材とレベル4以上の人材の差について考えてみよう。現在、企業の人材マネジメントは大きな転換点を迎えているといわれる。それは、**人材資源論（ヒューマン・リソース・マネジメント）から人材投資論（ヒューマン・キャピタル・マネジメント）への移行**だ。

従来の人材資源論では、人材は単純に足し算で考えられていた。簡単にいえば、10の人材を投下すれば、10の成果が生み出されるはずだという考え方である。高度成長期を支えた「工場のラインで製品をつくる」ようなハード型の産業形態を前提とすれば、これもあながち的外れな考え方ではなかったともいえる。

しかし、今日のように、人間の知こそが価値の源泉となるソフト型の産業社会においては、こうした考え方の矛盾が明らかになってくる。

仮に10の人材を投下しても、10の成果が生み出されるとは限らないことは、すでに多くの企業人が実感されていることだろう。経営環境が厳しくなった多くの企業が、リストラという名の人減らしを行わざるを得なかったことも、こうした人材資源論の限界が明らかになった結果ということができる。

10の人材が生み出す成果が、ゼロになる可能性もあれば100にも1000にもなる可能性がある時代に浮上してきたのが人材投資論だ。いってみれば、これは人材を掛け算で考える発想ともいえる。

「投資」と名がつく以上、それは将来の成果という形で「回収」がワンセットで見込めなければならない。10の投資は、100や1000の回収を目的にして行われなければ意味がない。

●人材資源論ではレベル3でも優秀●

人材資源論の考え方からすれば、レベル3の人材は十分に優秀とみなされる。

いわゆる「組織人」としては、言われたことだけやっているレベル1、レベル2の行動から、ステップアップし、与えられた状況のなかで自分なりに工夫を加えるレベル3の行動ができれば、それで十分だからだ。

むしろレベル4やレベル5のように与えられた前提状況を変化させるような行動は、「生意気だ」「余計なことをする」と考えられ、〝出る杭〟として叩かれかねない。

人材をどう考えるか

人材投資論（HC）		人材資源論（HR）
資本	⟷	資源
投資	⟷	コスト
回収	⟷	期待
場の提供	⟷	能力開発

このような人材資源論は、結果的に、現在の日本にレベル3段階の人材があふれかえる状況を作ってしまった。実際にわれわれが日本中の企業で人材アセスメントをしてみた結果でも、管理職レベル、あるいは周囲から優秀とみなされる人材の多くが、レベル3の行動事実しか持っていないことが明らかになっている。

すなわち、**これまでの企業では、レベル3にとどまる行動を取り続けることが、もっとも組織に安住できるポジションを得ることとイコールだった**のだ。レベル4以上のように状況を変化させようとすることもないので、リスクが小さく、一方でレベル2以下とは異なりそれなりに自分の判断で仕事をまわすことができるレベル3の人材は、企業にとっても重宝され、また自分自身も、いわゆる社内評論家タイプとして心地いい地位で生きていけたのである。

●人材投資論ではレベル3は物足りない●

しかし、**人材投資論の考え方からすると、レベル3の行動しか発揮できない人材、すなわち、今ある状況に安住してしまう人材は困る**のである。レベル3の人材は、けっして優秀な人材とはいえないのが人材投資論の前提なのである。

企業から見て、当初の投資を上回る大きな成果＝回収を実現してくれる人材とは、与えられた状況を打破し、プラン、ドゥ、チェック、アクションのセルフマネジメントのサイクルをまわし、アメーバ増殖型ビジネスをつくっていける可能性を秘めた、レベル4以上の行動を発揮できる人材なのである。

よって、**人材投資論を前提にすれば、今、企業が採用すべき人材はレベル4以上の人材である**ことは明らかだろう。

現実にレベル4以上の行動を発揮できる人材は希少だ。そこを誤りなく見抜くことできるのが、コンピテンシー面接の最大の強みなのである。

コンピテンシーの難易度とレベルの関係

●立場によって難易度を違えて考える●

コンピテンシーのレベルを採用時に見る重要性を考える際、さらに理解しておくべきもう一つのポイントがある。それはコンピテンシーの難易度とレベルの関係だ。

例えばひとくちにコンピテンシーレベル2の行動といっても、学生には学生のレベル2が、新入社員には新入社員のレベル2が、管理職には管理職のレベル2がある。

つまり、**同じレベル2であっても、置かれているポジションによって、コンピテンシーの難易度は違ってくる**というわけである。新入社員にとって「当たり前」と考えられる行動と、管理職にとって「当たり前」と考えられる行動では、後者のほうが難易度が高いのは当然だろう。

すなわち、**本人がライフサイクル、キャリアステップのなかで、どういう段階にあるかによって、同じ行動がどの程度のレベルに評価されるかは若干変わってくる**ということだ。逆にいえば、いくら管理職であっても、レベル2の行動しか発揮していない人もいれば、学生や新入社員でレベル4の行動を発揮している人もいる。

「キャリアを積んで管理職にまで昇進しているのに、その立場のわりには当たり前の行動しかできていない」、

あるいは、

「学生（新入社員）のレベルであれば、普通はこの状況を変えようとはしない。この段階でここまでの本人なりの独創的な工夫を加えている」

といったケースが、それぞれの評価の具体例だといえばおわかりいただけるだろう。

●レベルアップはまず望めない●

問題はこの先だ。

われわれが全国の企業で人材アセスメントを継続的に行ってきた結果、次のようなことが明らかになってきたのである。

学生時代、あるいは新入社員の段階でレベル2の評価を受けた、当たり前の行動しかできない人材は、中堅社員になってもレベル2、課長でもレベル2、部長でもレベル2と、ずっと当たり前の行動を取り続ける傾向がはっきり見て取れるのである。つまり、それぞれのステップで「当たり前のこと」自体の中身は難しくなっても、いいかえれば、コンピテンシーの難易度は上がっても、コンピテンシーのレベル自体はまず上がってこない。

一方で、学生時代、新入社員の段階でレベル4の行動を発揮できていた人は、中堅になり、課長になり、部長になっても、それぞれの難易度のなかで、やはりレベル4の行動を発揮するケースが非常に多いのである。学生のうちはレベル4の行動が行えていたのに、管理職になったらレベル2の行動しか発揮できなくなってしまう人というのは、めったにいない。

ここに、コンピテンシーという「能力に対する見方」の、非常にユニークな特徴が見て取れる。

●面接時にレベルを見抜くことが最重要課題●

だとすれば、採用時にコンピテンシーのレベル感を正確に測定し、それに基づいた採否判定を行うことはきわめて重要になる。**将来にわたってアメーバ増殖型にビジネスを展開していく能力がある人材は、すでに早い時期からレベルの高い行動事実を示すという形でサインを出している**ことになるからだ。このサインを見逃さないために行うのがコンピテンシー面接なのである。

考えてみれば、部長にとってのレベル4は、それ以前の段階のレベル4に比べ、極端に難易度が高いのだから、部長になるまでレベル2の行動しか発揮できなかった人が、部長になった途端にレベル4を発揮できるようになるはずがないことは、だれの目にも明らかなことだろう。

同様に順次さかのぼって考えれば、学生、または新入社員レベルで考えられるレベル4を発揮している人材をピックアップしていくことが、大きなポイントとなるわけである。

行動発揮の方向性とコンピテンシー発揮のパターン

やや各論になるが、実際の評価を行う際の理解の助けとするために、行動発揮の方向性（コンピテンシーの要素）とコンピテンシー発揮のパターンという考え方についても若干触れておこう。

●分析的な視点でコンピテンシーを見る●

コンピテンシーとは、あくまで能力に対する見方のことであるから、一人一人の人材のなかにはさまざまな要素、あるいは発揮のパターンが含まれる。ひとくちにコンピテンシーといっても、総合的に見るよりは、多少、分析的に見る視点も必要になってくる。

コンピテンシー面接の手法では、まず最初にインタビューによって行動事実を引き出し、後に評価を行うのが大原則だ。よって、一般的にはインタビューの段階で、あまり要素や発揮パターンについて気を遣う必要はない（要素別インタビューという応用例については後述）。

あくまで、採集された行動事実をどう見るかというときに、その行動のなかにどのような要素、発揮パターンが見て取れるかを考えていくのがよいだろう。そのことによって、受験者のコンピテンシー的な強み、あるいは弱みといった特徴も見えてくる。

●コンピテンシーの要素●

コンピテンシーの要素については、例えば次のような分類が考えられる。

顧客満足
自己実現
競合
リーダーシップ
リーダーのサポート
チームワーク

ここにあげた六つの例は、たいていどのような業種、職種であっても、業務を進めていくにあたって必要と考えられる要素だ。

前半三つが業務の遂行に関わる部分で、顧客満足とは「相手に喜んでもらう」、自己実現とは「目標を設定して遂行する」、競合は「競争を勝ち抜く」といった幅広いイメージでとらえられるものだ。
後半三つは組織的にものごとを進める部分で、こちらについては細かい解説は不要だろう。

●コンピテンシーのパターン●

さらに、コンピテンシーのパターンについては、次のような例が考えられる。

スピード
粘り強さ
独自性、独創性
正確さ、的確さ
チャレンジ
緻密さ、確実さ

こちらであげたパターン例もまた、一般的な能力の発揮の仕方を、局面に応じて見たときに抽出されてきたものである。

●要素・発揮パターンの分析はあくまでも補助的に●

繰り返して注意しておきたいのは、**最初にこうした要素やパターンを念頭においてインタビューを行うのではなく、インタビューを通じて明らかになってきた行動事実をこれら要素、パターンに照らし合わせながら、レベル感の評価を行うという順番を忘れない**ことだ。

正しい順番で評価すると、ある特定の要素やパターンに集中してコンピテンシーが高い人材、逆にさまざまな要素やパターンにまんべんなくコンピテンシーが高い人材などの特徴が見えてくるはずである。

要素分析、発揮パターン分析は、あくまでレベル感の評価を行うための補助線といったイメージを持っておくのがよいだろう。

第9章

短時間でできるコンピテンシー面接もある

面接を短時間で済ませたい場合には

●完全バージョンの実施は時間が必要●

第4章から第8章まで、コンピテンシー面接の概要を、インタビューの方法、および評価の方法に分けて解説してきた。この方法はきわめてベーシックで、いわば完全バージョンであり、間違いのない採用を高い精度で実現するには、一つ一つの手順を丁寧に行っていくことが望ましい。

しかし、新卒採用の現場の事情を考えると、必ずしもここまでで述べてきた本格的な完全バージョンの採用面接活動が行えるとは限らないだろう。

背景には、まず時間的制約という問題がある。

実際に完全バージョンのコンピテンシー面接を行おうとすれば、受験者一人あたり約1時間程度の時間が必要となるだろう。時系列に沿ってきっちりと行動事実を確認していくには、それなりの量の会話をやりとりする必要があるからだ。一般的に採用面接では、限られた人員で、膨大な受験者に対応しなければならないわけだから、完全バージョンを丁寧に行っていてはとても間に合わない。

また、完全バージョンをきっちり実施するには、面接担当者に質問方法などで一定レベル以上のスキルが要求されるという問題もある。もちろん研修を行う等で面接者のスキルは確実にアップするが、一度に一定量の面接者をそろえなければいけない局面を考えると、よりピンポイントに絞ったインタビューを行える手法があってもいい。

●簡易型コンピテンシー面接のポイント●

以上のような状況を考慮し、ここでは簡易型コンピテンシー面接の方法を紹介する。これは、完全バージョンのエッセンスを濃縮したものといえる。

簡易型コンピテンシー面接の流れについては次項で詳しく述べるとして、まずはその基本的考え方からおさえておく。

簡易型コンピテンシー面接も、インタビューによってエピソードを局面に落とし込み、そのなかから受験者の行動事実を確認して、後にそのコンピテンシーレベルを評価するという流れ自体は完全バージョンと異なることはない。行動事実をプラン、ドゥ、チェック、アクションのサイクルの枠組みで見直し、アメーバ増殖型、セルフマネジメント型の人材をピックアップするための方法論として、この方法は動かしようがない。

それでは、簡易型コンピテンシー面接の特徴はどこにあるのか。

それは、インタビューにおいて局面を特定し、行動事実を引き出す際の手順にある。第5章、第6章で詳細に述べたように、完全バージョンにおいては、取り組み課題、テーマ、成果の特定→第1プロセスの特定→第1場面の特定→行動事実の列挙、確認と、時系列に沿った形でインタビューを進めていくのだった。

これに対して**簡易型コンピテンシー面接においては、必ずしも時系列に沿ってすべての行動事実を順序よく聞き出すことを重視しない。**

ポイントとしては、ある取り組み内容について、「特に工夫した点」、あるいは「苦労した点とその解決方法」について、重点的に行動事実を引き出していくのである。

簡単にいえば、スタートからゴールまですべての行程について行動事実を聞くのではなく、道のりのなかでの「山あり谷あり」の部分に注目し、その場面に絞って行動事実を引き出すのである。

工夫、新しい試み、困難の克服に注目する

●効率よく進めるために●

簡易型コンピテンシー面接を行う最大の理由は、いうまでもなく、時間の節約を含めた面接にかかるコストの削減にある。

本来、コンピテンシーの評価を行う際には、インタビューでなるべく多くの行動事実を引き出しておくことが望ましい。しかし、この点にあまりにもこだわると、いくら時間があっても足りないということになる。そこでバランスを考え、コンピテンシー測定の観点からなるべく効率のいいインタビューを行おうというのが、簡易型コンピテンシー面接のコンセプトということになる。

ちなみに、**完全バージョンのコンピテンシー面接が受験者一人あたり約1時間**かかるのに対し、**簡易型コンピテンシー面接では一人あたり15分から20分で済む**ことが実証されている。

●本人のコンピテンシーがあらわれやすい行動事実を抽出する●

ではなぜ、受験者の数ある行動事実のなかから、ある取り組み内容について、「特に工夫

した点」、あるいは「苦労した点とその解決方法」があらわれた場面を抽出するのか。それは、こうした場面での行動事実に、もっとも本人のコンピテンシーがあらわれやすいからだ。

あくまで一般論だが、前例を踏襲しているとき、普通に考えられるやり方で取り組みを進めているとき、ものごとがスムーズに進行しているときには、それにかかわる人間にさほど高いコンピテンシーは必要とされないといえる。

高いコンピテンシーが要求される場面の多くは、何か新しい試みを自分なりにつけくわえたとき、普通に考えられるやり方や今までのやり方ではうまくいかないという困難を克服したときなのである。ならば、そこにポイントを絞ってインタビューを行い、受験者のコンピテンシーを効率よく見ていこうというのが、簡易型コンピテンシー面接の特徴だ。完全版のコンピテンシー面接は時間的にも技術的にも導入できないと考えている企業であっても、この方法であれば、インタビューの進行自体もスムーズになりやすく、面接者の負担は減るだろう。

簡易型コンピテンシー面接の流れ

●簡易であるからといって作業を怠ってはならない●

簡易型コンピテンシー面接を行う際注意しなければならないのは、具体的な場面の特定をきっちりと行い、そのうえで具体的な行動事実を引き出すという作業をけっして怠らない、という点である。

「簡易型」という言葉があるため、むやみやたらに質問を省いてあいまいな「質問―回答」に終始してしまうケースが時折見られる。しかし、それはコンピテンシー面接になっていない。**完全バージョンとの差は、あくまで場面の特定の仕方であり、ゴールは行動事実の確認にあるのは簡易型であろうと変わりはないことをよく覚えておく必要がある。**

□ステップ1　取り組み課題、テーマの特定、および最終的な成果の確認

これは、完全バージョンと同様である。受験者が過去1~2年で取り組んだ課題、テーマのなかで、もっとも力を入れて取り組んだことがらを特定し、面接全体の大枠を絞る。あわせて、最終的な成果がどのようなものであったかもあらかじめ聞いておく。

□ステップ2　取り組みの過程で「特に工夫した点」、あるいは「苦労した点」を確認

取り組み全体のプロセスを振り返り、自分の頭で考え実行したというような「特に工夫した点」、「新たに独自の工夫を加えたことがら」、あるいは「なかなかうまくいかずに苦労したが、それを克服したこと」があったか、あったとすればそれはどのようなことだったかを確認する。

□ステップ3　工夫、あるいは苦労とその克服を行った具体的な場面を特定

ステップ2で確認した工夫や苦労の克服について、それを行った具体的な場面を引き出す。すなわち、「いつ」、「どこで」、「だれと」、「何をしたのか」という5W1Hが具体的にイメージできるような場面を特定する。

□ステップ4　工夫、あるいは苦労とその克服にまつわる行動事実の列挙、確認

ステップ3で明らかになった場面について、工夫、苦労の克服のために行った行動を、順序だてて細かく列挙させ、確認していく。プラン、ドゥ、チェック、アクションのセルフマネジメントサイクルが行われているかどうかに留意し、その点の確認を重視する。

簡易型コンピテンシー面接の流れ

ステップ1
取り組み課題、テーマの特定、
最終的な成果の確認

↓

ステップ2
取り組みの過程で「特に工夫した点」、
あるいは「苦労した点」を確認

↓

ステップ3
工夫、あるいは苦労とその克服を行った
具体的な場面を特定

↓

ステップ4
工夫、あるいは苦労とその克服にまつわる
行動事実の列挙、確認

なお、簡易型コンピテンシー面接で明らかにされた行動事実の評価、コンピテンシーレベルの測定については、第7章、第8章で詳述したように行う。この点については、完全バージョンと特に違いはない。

簡易型コンピテンシー面接のシミュレーション

以下、簡易型コンピテンシー面接をイメージしやすくするため、シミュレーション例をあげておこう。

工夫、苦労の克服の場面特定から芋づる式に行動事実を引き出していく流れがおわかりいただけるのではないかと思う。また、途中で適宜行動の意図を質問することにより、行動事実をスムーズに引き出せることも見てとれるはずだ。

●簡易型ではこうなる●

面接者「あなたがここ数年に取り組んだ課題のうち、もっとも力を入れてきたことは何ですか」**（取り組み課題の特定）**

学　生「大学の剣道部で、後輩の指導、育成に力を入れてきました」

面接者「その結果、後輩はどの程度成長しましたか。成果は具体的な形になってあらわれましたか」**（成果確認）**

学　生「地方大会で、後輩を含めた団体戦でベスト4に入りました」

面接者「なるほど。ではあなたが後輩の指導、育成をするうえで何か特に苦労をした点はありましたか。具体的なエピソードがあれば教えてください」（苦労確認）

学　生「一人の後輩が、急に練習にこなくなってしまったことがありました。彼をふたたび練習に引っ張り出すのには苦労しました」

面接者「ほう。どうやってその後輩を練習に復帰させたのですか。何か具体的な行動をとったのですか」**（苦労克服場面の特定）**

学　生「とにかく何度も彼の家に行って説得しました」

面接者「説得とは、実際にどのようにしたのですか。そのときのことを思い出して教えてください」**（場面での具体的行動の特定）**

学　生「練習に来なくなった理由、原因があると思ったので、それを探ることからはじめました。何度か彼の家に通って話し込むうちに、どうやら自分より弱いと思っていた新入生に練習試合で負けてしまい、自信とやる気を失ってしまったことがわかってきました」

面接者「その話を聞いて、あなたはどうしたのですか」**（さらなる具体的行動の追及）**

学　生「いきなりみんなと一緒の練習に出るには抵抗がありそうでしたので、次の日の早朝に、だれもいない道場に彼を連れ出しました。そこで、彼がどのような試合運びで負けたのかを一緒に再現し、話し合いながら敗因を分析していきました。彼が自分の弱点に気づいたので、今度はその克服のため、一週間ほど二人きりの早朝練習を行いました。やがて彼は実力で壁を乗り越え、自信を取り戻し、練習に出てくるようになったのです。さきほど申し上げた団体戦でも、彼は大活躍してくれました」

面接者「なるほど、よくわかりました。あなたが後輩を指導するうえで、今までにやらなかった指導方法を考え、実行したようなことはありますか」**（話題の転換、その他の工夫の確認）**

学　生「攻撃が得意なタイプと守りが得意なタイプに分けて、ペアを組ませて練習をする方法を行いました」

面接者「なぜそのようなことをしたのですか。発想のきっかけとなった事実から教えてください」**（意図の確認から工夫場面の特定へ）**

（以下続く）

コンピテンシー面接は効率的な採用方法である

●客観的評価だからこそ効率的●

本章で「簡易型」のコンピテンシー面接の方法を紹介してきたが、コンピテンシー面接が面倒くさく、使い勝手が悪く、時間がかかって非効率な採用方法であるような印象を持った方がいらっしゃるかもしれない。しかし、それはまったくの誤解である。

コンピテンシー面接は事実確認法によるため、面接者が受験者に対してつくりがちなスキーマ（先入観、思い込み）を排除するのに役立つ。そのため、多くの受験者に複数の面接者が対応する、あるいは数回にわたる面接に複数の面接者が関わるときにも、面接者の間で評価がぶれない。

逆に従来型の面接では、例えば「リーダーシップ」や「協調性」などの抽象的な概念について、それをそのままの形で面接者が自己の基準＝主観で評価をしていた。**こうした絶対評価では、客観性を保つことが非常に難しい**ことはいうまでもない。

別のいい方をしてみると、これまでの面接が、複数の面接者の目を通し、何次にもわたって繰り返し実施されてきたのは、個々の面接者の評価がそれだけ「あてにならない」ことを前提にしていたからなのである。要は、たった一人の面接者の判断で採否を決めていると、誤った採用がなされかねないからこそ、何度も何度も面接を繰り返し、ふるいの目を細かくしようとしていたわけだ。

しかしよく考えてみてほしい。

たとえ**何人の面接者の目を通そうとも、それぞれの評価基準が客観性のある正しいものでなければ、正しい結論＝採否が導かれるとは限らない。**間違いの掛け算をおかしてしまう危険性は、どこまでも残るのだ。

●コンピテンシー面接ならば1回で十分●

ここまでいえば、コンピテンシー面接の強み、そして効率性は明らかだろう。実際の運用にはさまざまな考え方があっていいが、理論的には、**コンピテンシー面接ならば、一人の受験者に対し一人の面接者が一度行えば十分なのである。**なぜならコンピテンシー面接は、面接の段階では主観の入りようがない行動事実だけを明らかにするものだからだ。

この部分さえしっかり行えれば、そこに表現されたコンピテンシー要素のレベル感はあとでじっくり検討すればいいのである。

たしかにコンピテンシー面接は、「丁寧な」面接方法である。その場面だけを見ると、やや手間もかかるし、面倒なように思われるかもしれない。

しかし、採用活動全体のなかでの位置づけという大きな視点で見れば、これほどまでに合理的で効率的な方法はない。それぞれのステップでやるべきことが明確であるため、複数の面接者、評価者による「評価の先送り」「たらいまわし」「それぞれの責任、権限のあいまいさ」といった問題も一挙に解決できる。このことは、すでに採用にコンピテンシー面接を導入している企業が、口を揃えて強調している。

第10章

コンピテンシー的視点は応用できる

欲しい人材がはっきりしている場合の面接方法

●分析的に捉える方法●

この項では、コンピテンシー採用のもう一つの応用例である、要素別のコンピテンシー確認法について解説する。

第8章のコンピテンシー評価の項でも解説したように、一人の人間のコンピテンシーを考える場合には、全人格的なひとかたまりの能力としてではなく、いくつかの要素（行動発揮の方向性）ごとに分析する方法がよく使われる。

コンピテンシーの要素としては、例えば一般的に以下のようなものがあったことを確認しておこう。

顧客満足
自己実現
競合
リーダーシップ

リーダーのサポート
チームワーク

コンピテンシーを総合的にとらえるのか、分析的にとらえるのかについては、やや注意が必要な点があり、これについては本章の後半であらためて触れる。

しかし、例えばリーダーシップに関して高いレベル感の行動事実をたくさん持つ人と、チームワークに関して高いレベル感の行動事実をたくさん持つ人では、同じ「コンピテンシーが高い人」といってもかなり個性が違うことはおわかりいただけるだろう。

●強みと弱みに注目する●

要素別のコンピテンシー確認法は、こうしたコンピテンシーの強み、弱みの個性に注目する。

例えばある企業が、業務内容の必然性、あるいはその他何らかの必要性から、「当社では、今年はリーダーシップを発揮できる人材を採用したい」と考えたとしよう。

もちろんこうした狙いのはっきりした企業の採用においても、過去の行動事実から成果の再現性を考えるコンピテンシー採用の手法は有効だ。ただし、そのように、**ある特定の要素**

に強い人材の採用を目指すのであれば、最初からその要素（この例ではリーダーシップ）**のコンピテンシーがどの程度のものなのか、ポイントを絞った面接をすればいい。**これが要素別のコンピテンシー確認法の基本的な発想だ。

同じコンピテンシーが高い人であっても、リーダーシップの要素について特にレベル感が高い人と、他の要素に比べてリーダーシップの要素のレベル感がさほど高くない人なら、前者を採用したいだろう。欲しい人材がはっきりとしている企業にとって、要素別のコンピテンシー確認法は非常に有効であるといえる。

要素別のコンピテンシー確認法

●要素の確認は難しくない●

要素別のコンピテンシー確認法の具体的な考え方、手法は、さほど難しいものではない。

先ほどの例のように、入社後にリーダーシップを発揮する人材を採用したいのであれば、過去にリーダーシップを発揮して再現性のある成果を生み出した行動事実を持っているかどうかを、面接で明らかにしていけばよい。

もし**ここで、リーダーシップの要素についてレベル感の高い行動事実が引き出せるような、その受験者は将来にわたっても、リーダーシップを発揮できる可能性が高い**というわけだ。

そのためには、要素別に確認したい項目の定義を、過去の行動事実を問う疑問文の形にして、受験者に投げかけるという方法をとる。

すなわち、リーダーシップについて確認したいのであれば、

「あなたはこれまでに、チームのなかでリーダーシップを発揮して、何らかの成果を生み出した経験を持っていますか」

要素別コンピテンシー確認法のイメージ

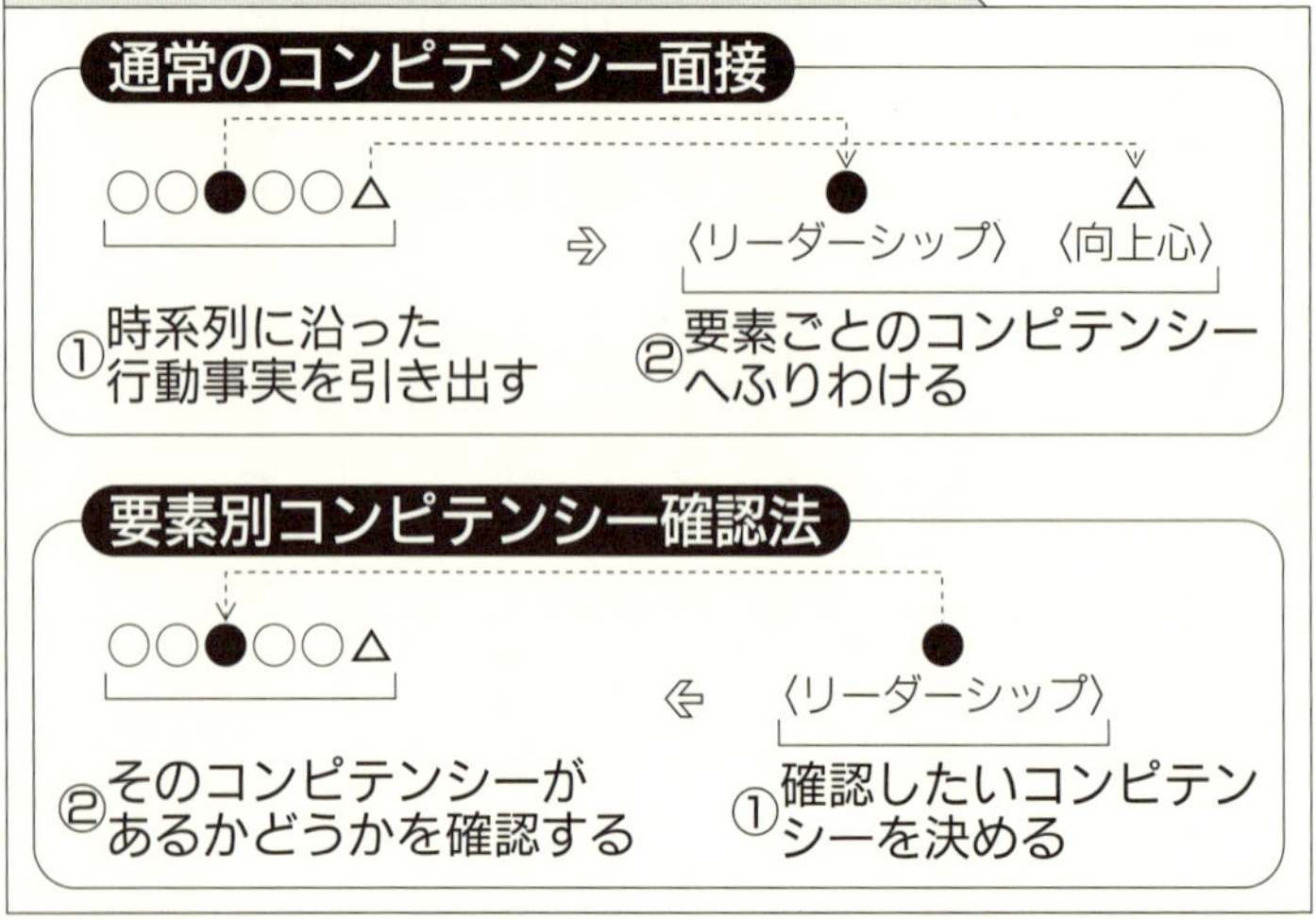

通常のコンピテンシー面接
○○●○○△
⇒
●
〈リーダーシップ〉
△
〈向上心〉
①時系列に沿った行動事実を引き出す
②要素ごとのコンピテンシーへふりわける
要素別コンピテンシー確認法
○○●○○△
⇐
●
〈リーダーシップ〉
②そのコンピテンシーがあるかどうかを確認する
①確認したいコンピテンシーを決める

というの質問からインタビューをスタートさせる。受験者が答えにくそうであれば、その一歩手前まで戻って、

「あなたはこれまでに、集団のなかでリーダー的な立場に置かれた経験はありますか」

といったあたりからはじめてもいい。

オーソドックスな完全バージョンのコンピテンシー面接では、インタビューの段階で先に時系列に沿って徹底的に行動事実を引き出し、そののちに評価の段階で要素ごとにコンピテンシーをふりわけていく。

それに対して、要素別のコンピテンシー確認法は、ゴール地点であるコンピテンシー要素から逆算して行動事実の有無を確認していくイメージである、といえばわかりやすいかもしれない。

ただし、ここでも重要なのは、5W1Hを基本に場面を特定し、そこにおけるあくまで具体的な行動事実にこだわることだ。また、**行動事実の確認においては、プラン、ドゥ、チェック、アクションのサイクルがまわされているかどうかを念頭に置く。**この点をあいまいにしてしまうと、コンピテンシー面接の意味がなくなってしまう。

無数のバリエーションが可能

●確認したいことに合わせて質問を変える●

ここまでの記述では、確認したいコンピテンシー要素としてリーダーシップの例をあげてきたが、この点についてはほかにも無数のバリエーションが考えられる。要素別のコンピテンシー確認法をより明快に理解するために、確認したいコンピテンシー要素と、それぞれについての代表的な質問例をいくつか列記してみよう。

□ものごとに粘り強く取り組むコンピテンシー

「あなたは、さまざま困難にもあきらめることなく、粘り強くものごとに取り組んで、何らかの成果を出した経験がありますか」

□企画力、創造性のコンピテンシー

「あなたは、ほかの人が思いつかないような新しいアイデア、企画を考案して、実際にそれを実現させせた経験がありますか」

□向上心、チャレンジ精神のコンピテンシー

「あなたは、そのときの現状に満足することができず、独自の工夫を行うことによって高いレベルの成果に到達した経験を持っていますか」

□情報収集、分析力のコンピテンシー

「あなたは、ものごとを成功させるためにさまざまな手段から多様なソースの情報を集め、分析して、成果につなげた経験はありませんか」

□他人を説得し、巻き込む力のコンピテンシー

「あなたは、自分一人の力では実現困難な課題に対して、仲間や友人、あるいは見知らぬ人間までに声をかけ、協力をあおいで大きな力にし、成功に導いた経験はありませんか」

このような要素別確認法を活用することにより、求められる課題に対してよりピンポイントで合致するコンピテンシーを持つ人材をピックアップすることが可能になるのである。

●理想的な活用方法●

また、要素別コンピテンシー確認法は、別の意味でも幅広い活用が考えられる。それは、ほかのコンピテンシー面接との組み合わせだ。

例えばオーソドックスな完全バージョンのコンピテンシー面接の最後に、要素別の質問を行う。このことによって、一般的、総合的なコンピテンシーレベルに加え、特に求めるコンピテンシーについて、より的確な評価を行うことが可能になる。

さらに、第9章で解説した簡易型コンピテンシー面接との組み合わせも考えられる。すでに実際に**いくつかの企業で実践されているのは、一次面接において簡易型コンピテンシー面接を行い、二次面接で要素別にコンピテンシーの確認を行うというパターンだ。**

要素別のコンピテンシー確認は、個人の能力のうちどうしても限定されたある一側面だけに注目することになる。よって、あまり早い段階でこの手法を用いるのは適切ではない。その意味で、最初はまず簡易型コンピテンシー面接でおおまかなピックアップを行い、そののちに要素別のチェックを行うという方法は理にかなっているといえる。

コンピテンシーをめぐる誤解

以上が要素別コンピテンシー確認法であるが、ここで、コンピテンシー・モデル論という問題についても触れておこう。このコンピテンシー・モデル論は、最近のコンピテンシーをめぐる議論で、もっとも誤解が多いものの一つとなっている。

●コンピテンシー・モデル論●

コンピテンシー・モデル論とは、簡単にいうと次のような考え方を指す。

まず、今現在すでに企業社会で高い成果を出しているハイパフォーマーを集め、詳細なインタビューを行う。ここから抽出された共通する行動の様式、特性をモデル化する。つまりあらかじめ、理想的なハイパフォーマーの行動様式のひな型を想定するわけだ。

仮に企業の人材採用活動の出発点にこのコンピテンシー・モデル論をおくと、面接の様相もだいぶ変わってくることになる。なぜなら、受験者は、仮想されたハイパフォーマーのコンピテンシー・モデルに対して、どれだけ合致しているか、あるいはどれだけズレているかによって判断されることになるからだ。

本書でここまで述べてきた**コンピテンシー面接の発想は、まずやってくる受験者が先にあ**

りきで、その本人がどのようなコンピテンシーをどれだけ持っているか測定し、採否の判断を下すというものである。

それに対し**コンピテンシー・モデル論に基づく面接では、先に理想のコンピテンシー・モデルという評価基準があり、そこへの近似度から減点法的に受験者を照らし出すような構造**になっている。

両者はよく似た考え方といえなくもないが、実はある意味で正反対の考え方でもある。

率直にいって、この二つの考え方のうち、どちらが正しいとかどちらが間違っているとかいうことを、理論的に証明することはできない。

●間違った「コンピテンシー」を導入するのは逆効果●

ただし、問題はこの先にある。

実はこれまで、「採用活動にコンピテンシーの考え方をとりいれた」とする多くの企業がいう「コンピテンシー」は、コンピテンシー・モデル的な考え方によるものなのである。つまり、自社内のハイパフォーマーを徹底的に調査、分析し、モデル化して、コンピテンシー的にそれと同じような人材を採用しようと試みてきたのである。

では、はたしてその結果はどうだったのだろう。

残念ながら、結果は必ずしも好ましいものではなかった。むろん、すべてが失敗だったわけではなく、一定の成果を上げた企業も多数あるが、**コンピテンシーという考え方が本来持っているはずのメリットを、コンピテンシー・モデル論がうまく活かしきれていない、むしろ殺してしまった**という分析結果も同時にあらわれてきている。

その理由はいくつか考えられる。

まずは、すでに自社内にいる優秀な人材と同じような観点での優秀さを持つ人ばかりを採用しても、企業活動は必ずどこかで行き詰るということがあろう。

また、スピードの速い時代の変化のなかで、ハイパフォーマーの条件も流動的になり、一昔前の理想的コンピテンシー・モデルがすぐ古びてしまうことも理由の一つといえるだろう。

受験者の一番強いコンピテンシーを見極める

今、コンピテンシーの考え方を採用活動に活用して最大限の成果をあげている企業のほとんどは、コンピテンシー・モデル的発想ではなく、あくまで目の前にやってきた受験者個人のコンピテンシーに注目するという本書で説明してきたコンピテンシー面接の発想を取り入れているのである。

●パーソナル・コア・コンピタンス論●

このように、ある人の一番強いコンピテンシーにまず注目するアプローチを、例えばパーソナル・コア・コンピタンス論と呼ぼう。コンピテンシー・モデル論とパーソナル・コア・コンピタンス論では、仕事と人材の関係において、固定軸と変動軸が正反対の関係にある。

コンピテンシー・モデル論では、仕事を固定軸、人材を変動軸と考え、まずこういう仕事があり、そこではこういう能力が必要だから、そこにあてはまる人材を採用、育成することが必要だと考える。

一方、**パーソナル・コア・コンピタンス論では、人材を固定軸、仕事を変動軸**と考え、コンピテンシー的にこういう強みを持つ人間がいるのだから、仕事のあり方を変えて、その能

パーソナル・コア・コンピタンス論のイメージ

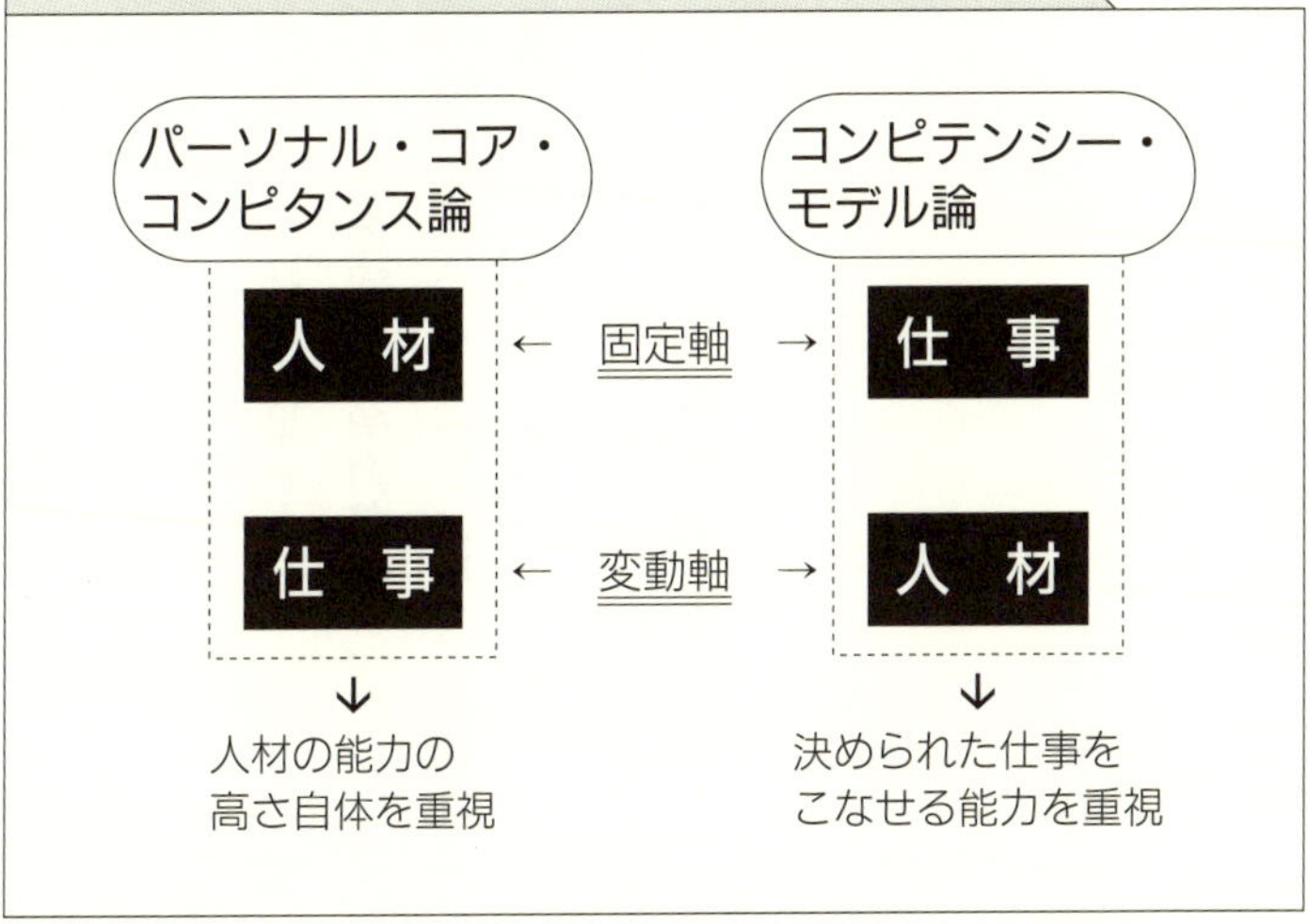

力を最大限生かして成果が出る仕組みをつくろうと考えるわけだ。

●多様な人材を持つ優位性●

むろん、どちらの考え方であろうと、結果として成果が出ればどちらでもかまわないのだが、ここ最近の状況を見ると、大きく業績を伸ばし、収益力を高めている企業の多くがパーソナル・コア・コンピタンス論的な立場に立っているのは事実である。

例えばこんな例を考えてみてほしい。

営業という職種においても、成果をあげるにはさまざまなアプローチがありうる。粘り強く何度も足を運ぶことで信頼を得る営業マンもいれば、すぐれた提案力で顧客に一目置かれる営業マンもいるわけだ。前者は粘り強さ、後者は提案力というそれぞれのコンピテンシーの強みを活かして成果をあげているわけだから、仮に一つの会社にこうしたタイプの異なる営業マンが並存していても何も問題ではない。むろん、両者に優劣をつける必要も何もない。個性を活かして社員が生き生きと働き、会社に成果をもたらしているのだから、すべてがうまく回転しているのである。

むしろ、**刺激的で競争力がある会社というのは、画一的なコンピテンシー的特徴を持った社員が揃っているところではなく、多様なコンピテンシー的特徴を持った社員が、それぞれその強みを活かして活躍している会社**なのだ。

ここからも、パーソナル・コア・コンピタンス論の優位さは明らかだろう。コンピテンシーを採用に活用するにあたっては、背景にこうした認識を持っておくことも大切な条件となっている。

第11章

キャリア採用はどうするか

キャリア採用にもコンピテンシー面接は有効

●新卒採用とキャリア採用●

本書では、ここまで新卒採用を話題の中心にしてきたが、実際の企業の人材採用戦略は、新卒採用とともにキャリア採用（中途採用）が車の両輪となって機能している。両者はその狙いや位置づけがやや異なるものの、お互いに補い合って人材マネジメントの根幹を支えている。よってここで、新卒採用と並ぶもう一つの採用活動の柱であるキャリア採用とコンピテンシー的視点の関係について、整理して解説することにする。

新卒採用とキャリア採用には若干の相違点があるが、実際にはむしろ共通点のほうが多い。何といっても、ある会社が統一的な人材マネジメント戦略のもとに採用を行うのに、新卒採用とキャリア採用で大きく考え方を変えることはありえないだろう。

よって、**キャリア採用においても、新卒採用と同様に、コンピテンシー的な視点を活用することは非常に有効な方法であるといえるのである。**

具体的にいえば、キャリア採用における面接にも、本書でここまで述べてきたようなコンピテンシー面接、および評価の方法はほぼそのまま使うことができる。

それどころか、後述するようにキャリア採用にあって新卒採用にない、いくつかの特殊な条件を考えると、むしろキャリア採用においてこそコンピテンシー面接のメリットが浮き彫りになる側面も多々あるともいえる。

キャリア採用においてもコンピテンシー採用の考え方と方法が有効性を持つことは、そんなに不思議なことでもない。

そもそもコンピテンシーとは、成果につながる能力、あるいは能力を成果につなげる還元のうまさのことなのだから、対象が新卒採用であろうとキャリア採用であろうと、評価の基準として非常に精度が高い。また客観性の確保という意味でもブレがないという価値を持つことに変わりはない。

新卒採用者もキャリア採用者も、入社後、最終的に求められるのはセルフマネジメントのサイクルをまわし、成果を出すことだ。こうした能力を見るための視点がコンピテンシーである以上、新卒採用だから、キャリア採用だからと分けてコンピテンシー採用をとらえる必要はないのである。

●面接手順にも違いはない●

また、実際にコンピテンシー面接を行う際の手法についても、新卒採用とキャリア採用で特に手順を変えたり、大きなアレンジを加えたりする必要はない。基本的には、インタビューを通じて過去の具体的な行動事実を引き出し、その内容をコンピテンシー要素にあてはめて評価を行えばよいだけの話である。

したがって、実際の手順については、前章までの記述をそのまま参考にしていただきたい。まずは、コンピテンシー採用は新卒採用のみならず、キャリア採用にも有効だ、という原理原則を理解していただきたい。

そのうえで、キャリア採用の特殊性、独自の事情とコンピテンシー採用の関係について説明を加えていくことにしよう。

即戦力を採らなければキャリア採用の意味はない

●即戦力を確保しきれない従来型キャリア採用●

それでは、キャリア採用が新卒採用と異なる最大のポイントは何だろうか。

まずあげられるのは、即戦力性という要素だろう。

企業はキャリア入社組に即戦力性を求めている。これはいつの時代のどの会社であろうと、共通していえる例外のない事実だ。

10年後の会社を支える人材を採用するのが新卒採用のテーマだとするならば、まさしく**入社したその日から第一線の戦力としてバリバリ活躍してくれる人材を採用するのがキャリア採用の最大のテーマ**なのである。

では、これまでのキャリア採用で、各企業は本当の意味での即戦力人材を十分に確保できていたのだろうか。

もちろんこの問いに対しては、YESと答える企業もあれば、NOと答える企業もあるだろう。しかし、多くの企業の採用担当者から、「キャリア採用は実は難しい」「キャリア採用で即戦力をとることが、年々うまくいかなくなっている」といった声が聞こえてくるのも事実である。

この現象は、次のように解釈できる。

これまでの多くの日本企業には、キャリア採用に関するしっかりとしたポリシー、および具体的なノウハウがなかったのではないだろうか。これは、**「即戦力」という概念がはっきり位置づけられていなかった**ことの裏返しの現象ということもできるだろう。

結果として、たまたま好条件が重なったり、幸運にも恵まれていい人材を採用できることはあっても、間違いなく即戦力となる人材をコンスタントに採用することができなかった企業がほとんどであったといっていい。

●従来型キャリア採用の最大の問題点●

従来型のキャリア採用の問題点はどこにあるか。典型例をあげて考えてみよう。

ある会社で、何らかの事情により、営業課長のポストがあいてしまい、早急に人員の補充をすることが必要になった、としよう。こうしたケースでまず考えられるのは、ひとまずどこかから同じような経歴の人、すなわち、

「営業職で」

「課長レベルのマネジメント経験があり」

「そこそこの学歴があって」
「年齢、年収などの条件が合致する」

ような人を連れてくることだろう。

まずは、求人を出し、送られてきた履歴書を見て、前記した条件に合いそうな人にめぼしをつける。

そして、面接という場を設け、雑談に毛が生えた程度の質疑を行い、「よさそうな人」であればその場で採用を決めてしまう。

これが従来型キャリア採用の典型例といえるのではないだろうか。

率直にいって、**この程度の方法では、採用した人材が「当たり」であるかはほとんど運を天に任せたものといわざるを得ない。**なぜなら、即戦力を求めてキャリア採用を行ったにもかかわらず、受験者が自分の企業にとっての即戦力であるかについて何ら検証を行っていないからだ。ここに、従来型のキャリア採用がうまくいかない最大の問題点がある。

即戦力性は、〝市場価値〟で判断する

●即戦力性の本質は市場価値の高さ●

それでは、キャリア採用で求められる即戦力性とは、はたして何なのだろうか。

一言でいえば、**「どこの会社、どこの職場でも成果を出せる能力」、すなわち市場価値の高さ**である。これこそが即戦力性の本質なのである。

人材の市場価値という考え方については、第3章ですでに述べた。ある特定の会社のなかでだけ意味がある能力を持つ人を社内価値の高い人というのに対し、一般的な労働市場で通用する能力を持つ人を市場価値の高い人と定義したのを思い出していただきたい。**即戦力性とはまさにこの「市場価値の高さ」とイコール**なのである。

このことは、うまくいかなかった従来型のキャリア採用を考えてみるとわかりやすい。

先ほどの例でいえば、A社で営業課長の肩書きにあった人材が、キャリア採用で即戦力として期待され、B社に転職し、同じように営業課長のポストにおさまったにもかかわらず、うまく成果を出せない場合がある。

この場合、この人材は、A社内での社内価値こそあったものの、広く一般的な競争社会を

勝ち抜く市場価値を持っていなかったということになるわけだ。

逆に、キャリア採用で転職した先でも、前の会社と同じように成果が出せる人材＝即戦力性のある人材は、例外なく高い市場価値を持っている。**即戦力性が高い人材とは、文字通りどこにいっても通用する、セルフマネジメントによって「自分なりの成果の出し方」を知っている人のことなのである。**

●コンピテンシー面接は市場価値の測定方法●

ここまで述べれば、キャリア採用においてもコンピテンシー的な視点がとりわけ重要な意味を持つことは明らかだろう。なぜなら、コンピテンシー採用とは、過去の行動事実から未来への成果の再現性を予測する、市場価値の測定方法だからだ。

従来型キャリア採用の最大の問題は、受験者が自社にとっての即戦力性を持っているかどうかを検証していない点にある。この課題を克服するには、**キャリア採用にもコンピテンシー面接を導入することが最良の方法**なのである。

キャリア採用に関する動向の変化

●キャリアということだけで安心しがちな企業側●

不思議なことなのだが、新卒者に関してはかなり慎重に厳選して採用活動を行っている企業が、ことキャリア採用に関しては実に安易、安直な採用方針、方法しか持ち合わせていないケースがしばしば見られる。

おそらく、海のものとも山のものともわからない学生に対しては疑心暗鬼気味になるのに対し、一定の職務経験がある社会人対象のキャリア採用では、過去の職歴や肩書きがあることが安心材料として機能してしまうのだろう。

しかしすでに述べたように、この**過去の経歴や肩書きというものは、未来の成果を何ら保証するものではない。**過去に実績があるからといって、その人材が即戦力となりうるかどうかはまったくわからないのだ。

しかも始末の悪いことに、これらの人材は実力のわりに値段が高い。キャリア採用に失敗すると、高いコストを払って使えない人材をつかまされることになりかねないのだ。

●キャリア採用市場の現在の状況●

あえて付け加えておきたいのは、ここにきて、そうした従来型の方法によるキャリア採用の難しさが、加速度的に進行しつつあるという点である。やや余談になるが、ここで日本のキャリア採用市場がどういう状況にあるのか、少々歴史を振り返って検討しておこう。

伝統的に日本の企業社会では、新卒者をＯＪＴ（On the Job Training）で鍛え上げていく人材マネジメントがメインであった。そんななかでキャリア採用が注目を集めるようになったのは、いわゆるＩＴバブルの時期である。キャリア採用枠の増加、および売り手市場化にともなって、人材の流動化が一気に進み、キャリアアップ志向を持った多くの人材が、同時に収入アップを目指して転職を繰り返すという現象が見られた。

ところがそのＩＴバブルが崩壊し、日本経済がふたたび低成長の時期に入ると、キャリア採用熱は一気に冷え込んだ。これまでイケイケで転職に積極的だった人たちが、様子見を決め込むようになったのである。

結果、かつてはそれなりに優秀な人材が流れ込んでいたキャリア採用市場は、大きくその様相を変え、キャリア採用に応募してくるのは、「どこの会社でもいい」「多少給料が下がってもいい」という覚悟をしているリストラ予備軍的な人材か、根無し草のように受動的に職を転々とするキャリアドリフト的な人材である危険性がかなり高くなったのである。

端的にいって、**今、キャリア採用市場において即戦力性のある人材は非常に希少価値があり、値段が高騰している。**採用効率という側面から考えれば、おすすめできる方法ではないのかもしれない。われわれがアロワナ採用理論を提唱して、10年後をにらんだ新卒採用にシフトすべきだと強調しているのも、実は、この点によるのである。

●ハイパフォーマーが流失しつつある●

しかし、例えば**成果主義がうまく機能していない一部の企業から、疲弊したハイパフォーマーが流出しつつあるというのも事実**である。キャリア採用を実施する企業側の狙い目は、この層ということになる。

そこで、キャリア採用にもしっかりとコンピテンシー面接を根付かせることにより、こうしたハイパフォーマーを効率よくピックアップすることが可能になるのである。ハイパフォーマーはコンピテンシー面接を心地よく感じる傾向があることを考えると、受験者への顧客満足という意味からもその導入は急務だといえるだろう。

第12章

より一層、完璧な採用をするために

コンピテンシーを発揮できない理由

●実証されるコンピテンシー面接の有効性●

本章では、コンピテンシー採用と重要なかかわりを持つ、周辺要因のいくつかについて解説する。これらはすべて、コンピテンシー採用を実践するにあたって、非常に重要なものばかりである。

われわれは、新卒者の採用活動にコンピテンシー的な視点を導入している企業について、数多くの追跡調査を行ってきた。それによると、過去の行動事実の分析により、**採用時に高いコンピテンシーがあると評価された人材のほとんどが、入社後にもそのコンピテンシーを発揮し、めざましい成果をあげている**ことが明らかになった。

コンピテンシー採用理論の正しさは、厳しい競争のなかにある企業社会での実践によってはっきりと実証されているといえるだろう。

●コンピテンシーが高い人材も伸び悩むことがある●

しかし同時に、ごく一部に、採用面接時には高いコンピテンシーがあることがかなりの確率で推測されながら、なぜか採用後、十分に能力を発揮しきれず、伸び悩む人材がいることもわかってきた。これらの事例は、たしかに例外といえば例外なのだが、各企業の現場にとっては無視することのできない問題である。

そこでわれわれは、なぜこうした現象があらわれるのか、個々のケースにあたってさらに詳細に分析を行ってみた。

その結果、**「コンピテンシー的な視点での成果につながるはずの能力を持っていることは過去の行動事実から明らかであるはず」**なのに、**「何らかの阻害要因によって」「いざ入社後に本来持っているコンピテンシーを安定的に発揮できない人が一定数いる」**ということがわかってきた。

そこで、もし、入社後に何らかの阻害要因によってコンピテンシーをうまく発揮できない人がいるのであれば、そのことの予測までをコンピテンシー面接時に組み込んでいくことはできないか、つまり、そうした**阻害要因に左右されないコンピテンシー面接の枠組み**を、全体としてつくっていけないか、という問題意識が芽生えてきた。

以下は、これらの点に関し、総合的に説明していきたい。

ストレス対処力という視点

●職場環境のストレスと離職●

厚生労働省が発表した統計資料によると、現在、大学新卒の就職者のうち約3割が3年目までに離職してしまうという。もちろんこのなかには前向きな理由で転職を果たす人材もいるであろう。また、雇用形態の多様化、社会情勢の変化などさまざまな要因が絡み合って、こうした状況が生まれていると考えられる。

しかし、その一方で、離職者本人、またそれに対応する企業の人事担当者の双方から、ストレスフルな就業状況、あるいは職場の人間関係から単に逃避するために離職を決断する若手社員が急増しているという声をしばしば聞く。

これについては、かつてに比べて職場環境のストレスが高まっているとも考えられるし、あるいは昨今の若者がストレスに対する葛藤を経験していない弱さをかかえ込んでいるとも考えられる。原因はそれぞれのケースによって異なるであろう。

問題なのは、ストレスが原因で、持てる力を発揮できずに離職という選択肢を選ぶ人材が増えているという客観的事実である。

企業側にしてみれば、採用、教育研修などで大きな先行投資を行った若手社員が離職してしまうことは、大きなコストのロスになる。人材への投資とリターンの関係に置き換えれば、これほどの効率が低下する要因はない。

以下では、ストレスがコンピテンシーの発揮にどのような影響を与えるのか、そして、ストレスにどのように対処できる人材が、ストレスがある場面においてもコンピテンシーを発揮することができるのか、について説明していこう（なお、ストレスがビジネス全体に与える影響、その対処策について詳細に知りたい方は、『社内うつ～職場ストレスのコントロール術』〔早稲田大学教授・小杉正太郎［著］・講談社〕を参考にしていただきたい）。

●ストレスにどう対処するか●

ところで、この節の題名には「ストレス対処力」という言葉を使っている。多くの方々は、「ストレス耐性」や「ストレス解消」というほうが、ストレスに関して聞きなれた言葉であり、「ストレス対処力」という言葉だと、少し違和感をおぼえるかも知れない。

ところが、ここにストレスの問題を考えるうえで重要なポイントがある。

ストレスについては「耐性」（ストレスに耐える力）や「解消力」（紛らわせる力）が大切なのではなく、「対処力」すなわちストレスの原因を解決する力が重要なのだ。このあと述べていくストレスの考え方も、すべてこの対処力に焦点を当てたものだと考えてもらいたい。
どうもストレスという言葉があまりにも一般的になり過ぎたがゆえに、ストレスに関しては、世のなかで多くの誤解が生まれている。

その最大の原因は、ストレスについては二つの視点で常に考えるべきなのに、その二つの視点がごちゃごちゃになっていることにある。その二つの視点とは、**「ストレッサー」と「ストレス反応」**である。ストレッサーとは精神的、肉体的な負担を引き起こす原因となっているもの、ストレス反応とは、その結果、精神や肉体に表れる反応と考えればよい。

正確にいうと「あの上司がすごくストレスになる」というのは「あの上司は強いストレッサーである」という表現が正しく、「最近ストレスがたまっている」というのは「最近ストレス反応が多く起こっている」というのが正しい。このストレッサーとストレス反応が混乱していることがストレスをややこしくしているのである。

ストレスを考えるとき、多くの人は何気なくストレス反応にどう対処するかということを考えがちである。それが「ストレス耐性」や「ストレス解消」という言葉を一般化させている。

つまり、ストレス反応が出てきたとき、多くの人は「スポーツをやって紛らわせる」、あるいは「あまり考えすぎず、冷静に対処する」ことなどが大切だと思っている。実際、病院

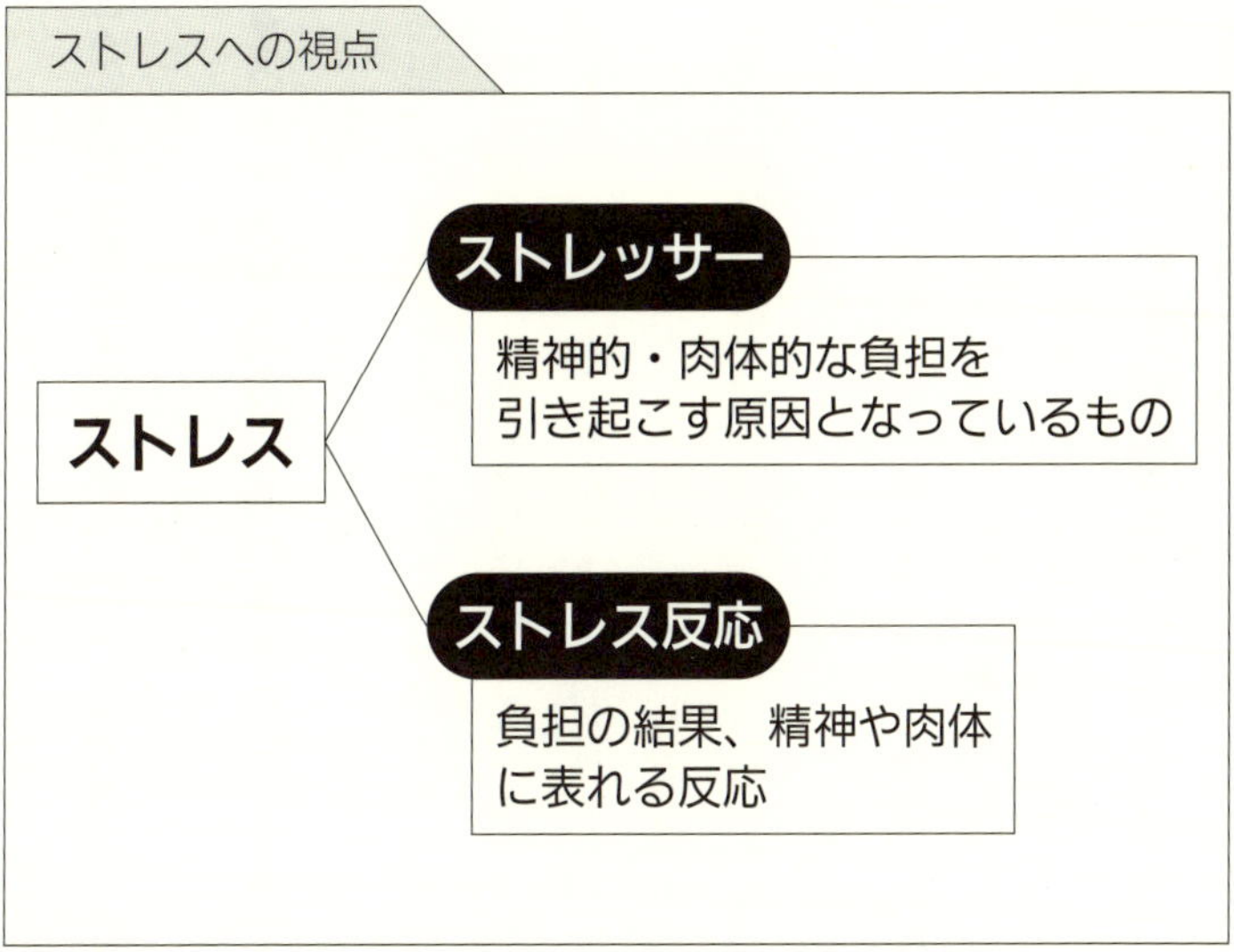
ストレスへの視点
ストレス
ストレッサー
精神的・肉体的な負担を
引き起こす原因となっているもの
ストレス反応
負担の結果、精神や肉体
に表れる反応

でもストレスに関してはそう指導されていることが多いくらいだ。

しかし、これらはストレス反応である「つらさ」を紛らわせる、あるいは我慢するというアプローチだ。たとえ、休日にスポーツをやって気を紛らわせたとしても、また仕事が始まって会社に行けば、ストレッサーである上司がいる。一時、我慢したとしても、その上司はずっと存在し続けるため、結局は延々と我慢し続けなければならない。その我慢がいつかは限界に来るだろう。

このようにストレス反応にだけ手を打っていても、ストレスの問題は一切解決しない。逆に、ストレッサー、つまりストレス反応の原因となっているものを解決すれば、ストレス反応はまったく起こらなくなるのである。この、**ストレッサーに手を打ち、ストレスの原因を解決する力が「ストレス対処力」なのである。**

●ストレス対処力の高い人を採用しよう●

このストレス対処力が高ければ、ストレッサーが多いビジネス環境においても、早期にその原因を解決する傾向があるので、ストレス反応が起こりづらい。一方で、ストレッサーには目を向けず、ストレス反応が出てくるところまで放置してしまい、そのストレス反応を我慢したり、紛らわす傾向がある人材は、むしろストレスに関する問題が深まりやすい。採用においても、ストレス耐性、ストレス解消力がある人よりも、原因に手を打つ「ストレス対処力」の強い人を採るべきなのは当然である。

ビジネスに関わる限り、さらには、人間として生きて行く限り、ストレッサーがまったくないという状況でいられることはあり得ないだろう。特に最近のビジネス環境では、ストレッサーが増えているのは間違いない。そのような状況においては、むしろストレスの問題は特殊なものではなく、だれにでも起こる、ごく当たり前の現象と考えるべきだ。したがって、**ストレス対処力を兼ね備えているかどうかは、どうしても採用で確認しておくべき視点と考えなければならない。**

ストレスに対する二つの対処

●消極的な対処と積極的な対処●

ここまで述べてきたように、人は、ストレスの原因に目を向けようとする傾向がある人と、ストレス反応に目を向けようとする人に分かれる。そのなかで**ストレスの原因に目を向けようとする人のほうが、ストレス対処力は高い。**

その一方で、もう一つの視点がある。それが積極的な対処をとるか、消極的な対処をとるかというものである。ストレスの原因に目を向けつつも、その原因に対して消極的な対処しかとらない傾向があれば、ストレス対処力が高いとはいえない。やはり原因に対して積極的に対処する傾向を持った人材が、一番ストレス対処力が高いと考えられる。

消極的な対処とは以下の二つが典型である。

・原因にできるだけ近寄らず、避けたり、逃げたりする。
・原因に目を向けつつも、すぐに解決できないとあきらめる。

このように、ストレスの原因は自分なりに分析し、明確にとらえていたとしても、それを避けたり、すぐにあきらめたりする傾向があれば、やはりストレス反応につながっていくだろう。

その一方で、積極的な対処とは以下の二つが典型となる。

- ・原因となる問題、課題を自分で解決しようとする。
- ・その原因が独力では解決できない場合、援助、支援を求めようとする。

この二つのアプローチが、積極的な対処力である。自分で問題を解決しようとするのが積極的なのは当たり前だが、ここで大切なのは、援助を求めることも積極的だという考えである。

●助けを求めるのも大切な対処●

一般的には「だれかに援助や支援を求めるのは、弱い人であり、一人ですべてやり遂げてこそ、本当に積極的な人材である」と考えられがちである。

しかし、どんな課題でもすべて一人で解決できる人などいるだろうか。

ほとんどのケースは、自分一人で解決できないものであり、自分ですべて解決できないからこそ、それがストレッサーになっているのである。最初から何も自分で手を打たず、すべて他者の支援に頼っているようでは、むしろ「あきらめ」という消極的な対処になるが、どうにもならないところについて、だれかに援助を求めてでも、その原因となっている問題を解決しようとするのは、むしろ積極的であると位置づけられる。避けたり、あきらめたりするよりは、よほど問題の解決に近いはずだ。

例えば、**上司との関係が悪く、それがストレッサーになっているとき、自分で直接解決できないのであれば、第三者に相談し、介入してもらうよう働きかけるというアプローチは、あきらかに上司との関係を改善しようとする積極的な対処である。**どんなに関係が悪くても、我慢し続け、上司に従っているフリだけをするよりは、よほど問題の解決が早いだろう。

このように、常に、ストレスの原因に目を向けながら、その原因を自分で、あるいは他者の支援を借りてでも解決しようとする特徴を持っていれば、ストレスに関する問題は起こりづらい人材であると判断してもいいだろう。

ストレス対処力の見極め方

●圧迫面接ではわからない●

ところで、ストレス対処力を、採用の段階で見極めるには、どうすればいいのだろうか。一般的に、ストレスについては「圧迫面接」が効果的だといわれている。

確かに、圧迫面接を受けても、それに耐え、冷静に対応できるのであれば、いわゆる「ストレス耐性」は高いと考えてよいだろう。

しかし、今のビジネスにおけるストレッサーは、圧迫面接とは比べものにならないぐらい大変なものである。したがって、圧迫面接に対応できるからといって、ストレスに上手に対処し、ビジネスの世界で通用できるとはいえないのである。

●ストレス対処力もコンピテンシー面接でわかる●

では、ストレスに対処する力はどのようにして確認すればよいのだろうか。

実は、ストレス対処力は、この本で詳しく解説したコンピテンシー面接の手法で十分に見ることができるのだ。

やり方は簡単である。

コンピテンシー面接の流れのなかでもよいし、一通り終了してからでもよいので、

「今までの話のなかで、不安になったときや、イライラしたことはありますか」

という質問を投げかけてみよう。答えが返ってきたら、その内容を特定したうえで、

「その不安やイライラは何が最大の原因でしたか」

「その原因に対して、どう対処しましたか」

というように聞いていけばよい。コンピテンシー面接そのままのやり方で自然に確認できる。

もしも、コンピテンシー面接のテーマとして取り上げた課題のなかで不安やイライラを感じるようなことがなければ、最後に、そのテーマとは切り離して、

「今までの学生生活で一番不安になったこと、あるいはイライラしたことは何ですか」

と聞き、そこから同様に質問を投げかければよい。

このような問いかけに、きちんとした積極的対処を行っているようであれば、ストレス対処力に関しても安心感を持つことができる。

一方で、

「イライラしても我慢しました」

「できるだけ早く忘れようと思いました」
「こんなことをして気を紛らわせました」
などの消極的な対処しか出てこない場合には、要注意と考えるべきである。

●安定的にコンピテンシーを発揮する人材はストレスにも強い●

ストレス対処力は、ビジネス活動に参加する限りは必須の力だと述べた。コンピテンシーだけを確認し、ストレス対処力を見落としてしまうと、採用した後から問題が起こることも考えられる。

通常の状況では高いレベルのコンピテンシーを発揮するのだが、そこに強いストレッサーが加わってくると、一転して逃げたり、あきらめたりする人は、社会人のなかでもよく見かける。例えば、関係のよい顧客のところには積極的に訪問し、効果的なアプローチをとることで成果をあげるのだが、関係が少しでも悪い相手のところには一切訪問もせず、よけいに関係がまずくなるなどのタイプはその典型だ。

コンピテンシーを常に、安定的に発揮するためには、コンピテンシーを発揮するための地ならしが必要だ。**強いストレッサーが存在しているままでは、どんな人でも高いレベルのコンピテンシーは発揮できない。**まずはそのストレッサーに関わる問題を解決し、通常の状態に戻したうえで、効果的なコンピテンシーを発揮することが求められる。

当然、どうしても解決できないストレッサーも存在している。近親者の死などはどうやっても積極的に対処できるはずがなく、最終的には気を紛らわせたり、あきらめたりする以外にはないだろう。

しかし、ビジネス上のストレッサーの多くは、完全とまではいかなくても、あるレベルまで改善することくらいは十分に可能なはずである。**最初から問題の解決をあきらめず、援助を求めてでも、それを解決する人こそが、安定的にコンピテンシーを発揮できる人材と考えるべきである。**

社会性もビジネスには不可欠

●社会性もコンピテンシーの発揮に影響する●

コンピテンシーの発揮に影響を与えるもう一つの視点として「社会性」がある。どんなに高いレベルのコンピテンシーを発揮できる人材でも、その発揮が一人だけでしかできないとなると、やはり限界が出てしまう。

逆に、**多くの人たちと一緒にコンピテンシーを発揮することができれば、自分一人では達成できないような大きな成果でも生み出すことができるようになるだろう。**しかも、そのように一緒にコンピテンシーを発揮する人のネットワークを幅広く、バラエティ豊かに広げていくことができれば、その成果の大きさは飛躍的に拡大するはずである。

このようなコンピテンシー発揮のネットワークを拡大できるかどうかに、社会性が重要な影響を及ぼすのである。

社会性というのは、単純にいうと「周囲の人たちとの間で、協力的な関係をつくりあげようとする傾向」と考えればわかりやすい。**自分から協力を提供したり、相手から協力を提供されたりしながら、物事をより効果的に、効率よく進めようとする傾向を持った人が社会性**

の高い人である。当然、そのような協力的関係を心地よく感じ、もっと多くの人たちと関係をとっていこうとする。

●コミュニケーション不足と社会性の低下●

このような社会性を発揮するには、コミュニケーションが必要だし、相手と友好的な関係をつくりあげる力も重要となる。

ところが、日本では、最近このような社会性が低下し始めているようだ。特に、これから企業に入ってくるであろう年代の社会性低下が大きいようである（すでに入社している人たちもそうかも知れない）。

実際に採用面接の場面でも、そのような問題を感じることが多い。別に周囲の雰囲気を壊したり、迷惑なことをやったり、ということではないが、自分から周囲の人たちとコミュニケーションをとろうとしない人や、わからないことがあっても何も聞かない人を多く見かける。採用担当者が、学生に確認事項があって電話連絡をしても、学生の第一声は「はあ」という歯切れの悪い返事しか返ってこない場合が多いとの話もよく聞く。

確かに、昔のようにすべて人と一緒に行動し、目立ったことをしないよう気を遣い合うようなことが社会性だとすると、それはうっとおしいだけである。

しかし、やはり**ビジネスの世界において、社会性は必要不可欠な要素**である。

社内の関係者、他部署にとどまらず、顧客や提携先との間で、前向きで良好な関係を築き上げることができない人はビジネスで成功するわけがない。

社会性のキーワードは「共生力」

この社会性において、特にキーワードになるのは、「共生力」である。**共生とは、相手にとって意味のある貢献を、相互に提供し合う関係をつくる力のことである。**

例えば、小さな魚が大きな魚の口のなかを掃除してあげる一方で、大きな魚が小さな魚を守ってあげるというように、お互いにとってメリットとなるものを提供し合うことで、よりよい関係のネットワークをつくり上げることが共生の基本である。その点でよく似ている言葉である「寄生」とはまったく違う。寄生の場合、寄生しているほうにはメリットは出るが、寄生されたほうはたまらない。腸のなかに回虫を飼っても、人間にとっては意味がないどころか、健康に障害が出てしまう。

●共生と寄生は違う●

どうも「社会性が大切」だとか、「人との関係を重視しよう」と聞くと、なんとなくうっとおしいと思う人も多いだろう。そのようなものは80年代までの話だと感じるかもしれない。もしそのように感じるならば、それは、当時のチームワークが、お互いにメリットを提供しようとするよりも、お互いに迷惑をかけず、自分だけが目立ちすぎず、ということを強調しすぎていたからであろう。共生というよりは、どちらかといえば寄生に近かったのかも知れない。長く寄生しようと思えば、あまり迷惑をかけすぎず、目立ちすぎずに過ごすことが一番だろう。

●チーム意識が共生の基本●

しかし、ここでいう共生とは、そのまったく反対だ。お互いに意味のある貢献を提供し合い、享受し合うことで、一人ではできないことをチームでやってしまおうというのである。例えばイチローのように、打って、守って、走ることがすべて一人でできるような選手になるのは、ほとんどの人には無理だろう。

しかし、「自分は打ったり、守ったりは得意ではないが、走るとだれにも負けない」「自分は打つのはとにかく得意だ」「守りだけなら自信がある」という人が三人集まれば、三人でイチローになれるのである（もしかするとイチローを超えるかも知れない）。

これが共生の基本である。

自分が周囲に貢献できることをしっかりと持ち、それを必要とする相手にきちんと提供していく。その一方で、周囲からの援助を受けたほうがよい場合には、素直にそれを受け入れ、協力に感謝する。このような基本特性を持った人材を採用していくことは、やはり、これから先も重要であることは間違いない。どうも最近は、誤った成果主義の影響で、人との関係はどうでもよく、まず自分の成果を確実に生み出すことを優先しがちだが、これはあきらかに間違いである。

高い成果を生み出す人材とは、自分の力で成果を生み出せるのはもちろんだが、その自分の力と他者の力を組み合わせることで、1＋1を3にも4にもできる人材である。そのような力をもう一度、採用で重視することが求められているのは間違いない。

共生力の正しい意味

●自分の得意技と相手を尊重する気持ち●

共生力をどれくらい持っているかを確認するときに、まずは二つのことを確認する必要がある。

①「これはできる」という得意技を持っているかどうか
②相手の強みを理解し、それを尊重しようとするかどうか

この二つの特徴は、共生を行ううえで必須である。何か周囲に提供できる得意技を持っていないと、寄生はできるが、共生は無理である。どんなことでもよいので、「これだけは自信を持って『できる』といえるもの」を持っていることが基本となる。先ほどのイチローの例のように、「とにかく自分は打つのは自信がある」といったものがないかぎり周囲に何も提供できなくなるのである。

また、自分の得意技を見せたいだけだと、共生は成り立たない。周囲の人の得意技を見出し、それを尊重しながら、発揮してもらおうとする特徴がなければ、やはり共生はできないだろう。**すべてを一人でやろうとしたり、他者が得意技を発揮したら嫉妬したりする人材は、やはり共生は無理だろう。**他者が自分にできないことができる場合には、そのことを尊重し、やってもらうことに感謝の気持ちを感じるような特性が必要だ。

これらは別の言葉でいうと、「I am OK.」「You are OK.」となる。自分もOKであり、相手もOKという感覚を持っているかどうか、これが共生の基本といえる。

また、「I am OK.」「You are OK.」となっている根拠が明確にあるかどうかも確認しておかなければならない。

イメージだけで「自分はこんなことが得意だ」と自信を持っていたり、相手のことも「あの人はこれを頼めば喜ぶはずだ」と勝手に思い込んだりしていては、共生も形だけになってしまい、実質は伴わなくなる。**自分に関しても、相手に関してもきちんと事実ベースでとらえようとする特性も備えておくことが、共生にとってもう一つの重要なポイントである。**

●共生力の確認方法●

これら共生力に関する特徴は、単に体育会系のサークルに所属していたから、備わっているはずだ、というような単純なものではない。体育会のなかでも自己中心的な人材はいるだろうし、表面上は相手を尊重しているフリをしていても、心のなかでは「自分のほうが偉い」と思っている人もいるかもしれない。したがって、このような共生力は、どのようなチームに所属していたか、どのような経験を持っているかなど表面的な事象から確認できるものではない。

やはり、共生力に関してもコンピテンシー面接を通して確認しておくほうが安全であるといえる。

「今までの経験のなかで、他者と協力し合いながら何かを達成したことはあるか」
「そのなかで自分はどのような貢献を行ったのか」
「ほかの人たちはどのような貢献をしたのか」
「自分と他者の力をより効果的に組み合わせるために、どのような工夫を行ったのか」

などの質問をコンピテンシー面接時に実施すれば、共生力の特徴もよく見えるはずだ。

ただし、前に述べたストレス対応力にしても、この共生力にしても、強い人の特徴はコンピテンシー面接ではっきりと確認できるが、弱い人材に関しては、自分から「何も問題に対応していません」、「だれとも協力していません」とは申告しないと思われるため、何らかのテストや特性検査などで確認しておくことも必要かも知れない。

コンプレックスとコンピテンシー

●コンプレックスは「劣等感」ではない●

コンピテンシーの発揮に影響を与える大きな要因としては、「コンプレックス」という問題もある。このコンプレックスは、多くの場合、面接で見誤っているポイントであるため、時に気をつける必要がある。

コンプレックスというと、多くの人は〝劣等感〟のことだと考えるだろう。ところが**コンプレックスと劣等感は関係のない**ものである。この二つが混乱したのは、おそらく「劣等コンプレックス」と「劣等感」を間違えたからだと思われるが、劣等コンプレックスも劣等感とはまったく違うものである。

劣等感のある人とは、一般に言われている通り、〝自分に自信を持てずに不安定になっている人〟だ。

ところが劣等コンプレックスのある人はまったく違うタイプである。

例えば典型は、自慢話ばかりをしているような人だ。しかも、その自慢話を聞けば聞くほど、「本当は自信がないのではないか」と思えてくるような人を見たことがないだろうか。

そのような人たちは、やはり自分に自信のないところがある。

ところがその自信のないところを見たくないので、自分の心の気づかないところにまで押さえ込んでしまう。当然、そうやって押さえ込むには押さえるためのエネルギーが必要だ。それで自分に「本当は自分はできる人間だ」と言い聞かせ、それだけでは、まだ自信のないところを見てしまいそうになるので、まわりの人たちにも「自分はこんなに偉い」と訴えかけようとする。

このように、**自分のなかの見たくないこと、思い出したくないことを見ないようにして押さえ込んだものがコンプレックス**だ。このコンプレックスは自分で気づかない無意識の世界にまで押さえ込んでいるため、自分でもなかなか気づかないがゆえに、面倒なものである。

このようなコンプレックスがあると、次のような反応が典型的に出てくる。

□同一視

自分にできないことがあったとき、「自分も本当はやればできる」「今はたまたまやっていないからできないだけだ」と思い込む。やっていないことに関して、自分がやったかのように勝手にイメージをふくらませてしまう。

（例：めざましい成果を出した人に対し、「あんなことぐらい、だれでもできる」などという）

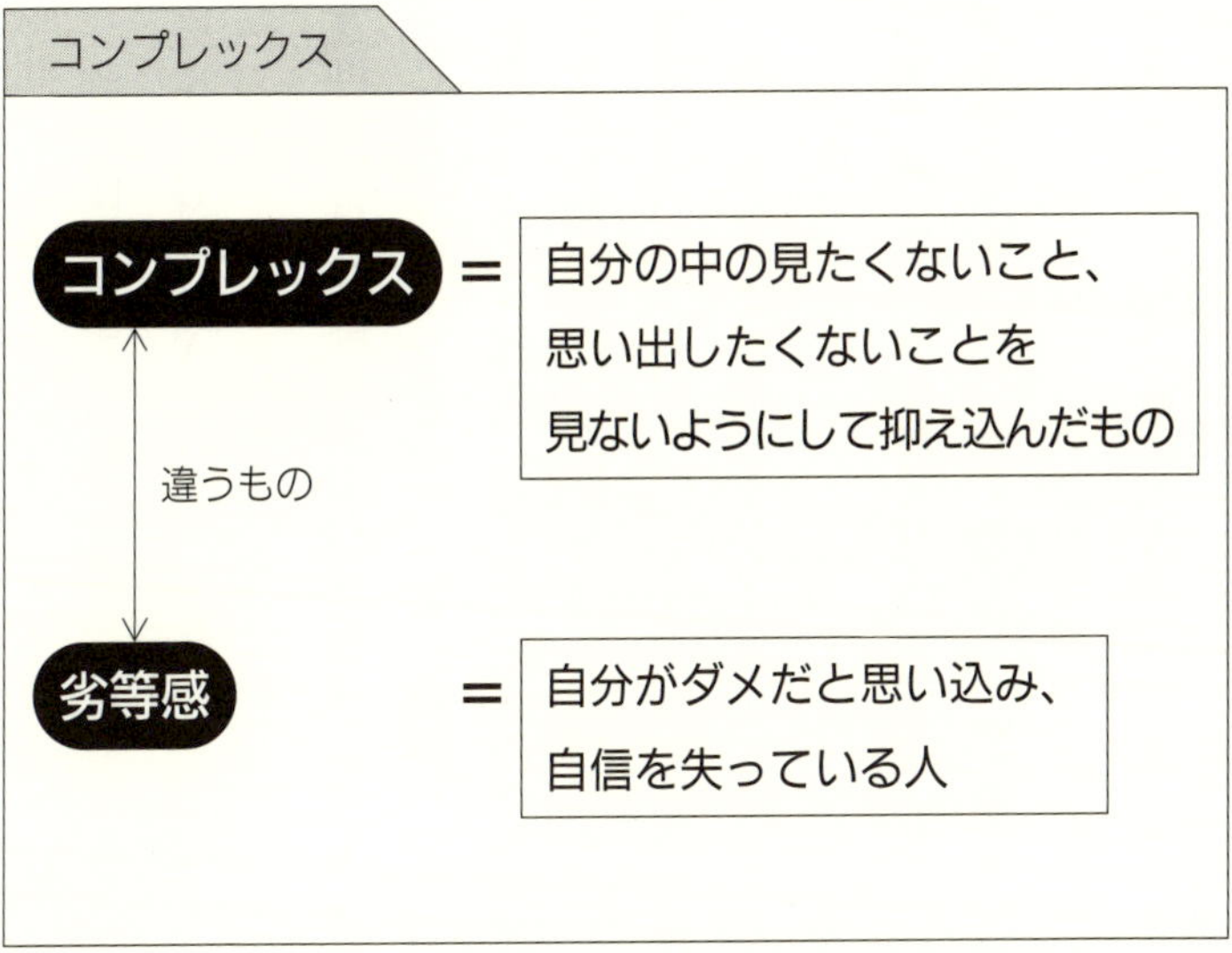
コンプレックス
コンプレックス
＝
自分の中の見たくないこと、
思い出したくないことを
見ないようにして抑え込んだもの
違うもの
劣等感
＝
自分がダメだと思い込み、
自信を失っている人

□反動形成

何か一つのことに異常にこだわり、そのことについて、やっても意味がないと決めつける。

自分自身がやりたくてもできないことを、価値が低い、価値がないものとしておとしめ、自分自身で納得する。

（例：自分が無意識にお金に執着していることを認識できず、「お金など汚いものだ、お金持ちなどろくなものではない」などと批判する）

□投影

自分ができないことを、すべて人のせい、状況のせいにする。自分自身をむしろ被害者視することによって、根拠のない不平や不満を正当化する。

（例：自分のことは棚にあげ、「仕事ができないのは上司が悪い」「会社の制度が悪い」などと文句ばかりをいう）

●面接では見誤りやすいコンプレックス●

このコンプレックスは、面接で見誤りやすい。

なぜならそれは、コンプレックスのエネルギーは「何かをやりたい」という衝動に駆り立てられる最大級のエネルギーだからである。ところが「何かをやりたい」という気持ちは極端に強く出てくるのだが、そこに制御機能が伴わないのがコンプレックスの特徴である。エネルギーはすごいが、どちらに飛んでいくかわからないような力なのである。

この強いエネルギーに触れたとき、つい、「この人はすごい」と感じてしまうのである。

例えば、**同一視を起こしている人は「すごいやる気を持った人だ」、反動形成は「人とは違う視点を持っている」、投影も「問題意識の高い人だ」と見てしまう**のである。

それで採用してしまうと、「自分だってやればできる」と偉そうにいっているばかりで何もせず（同一視）、無理やりやらせようとすると「そんなことをやっても意味がない」ということをとうとうと述べ（反動形成）、それでも無理やりやらせると、やはり失敗し、「失敗したのはあいつのせいだ」と人のせいにばかりする（投影）というように、非生産的な行動しか起こさないこともあり得る。したがって、コンプレックスに関しては、採用の時に、きちんと確認しておく必要がある。

ただし、コンプレックスがあれば、それで即座にダメだということではない。そもそもコンプレックスはだれにだって多かれ少なかれあるものだし、コンプレックスをエネルギーとしつつ、そこに制御機能をきちんと伴わせて行動している人材がいれば、それは問題なく、むしろコンピテンシーを発揮するエネルギーを強く持った人材だと考えてもよいくらいである。あくまでも「コンプレックスがあるかないか」ではなく、「コンプレックスをコントロールできているかどうか」を中心に確認すべきである。

コンプレックスを確認する方法

●制御機能が伴わない場合は問題●

コンプレックスは、人間の「何かをやりたい」というエネルギーにもつながる可能性がある。そのため、すべてのコンプレックスが悪いものである、とも言い切ることができない部分もある。しかし問題は、そこに制御機能が伴わないことにある。それゆえに、何かをやりはじめても、すぐに投げ出したり、感情的になって成果につながりにくかったりする。

コンピテンシー的な視点から採用活動を行う際には、過去の行動事実を中心にインタビューを進めていくわけだが、成果に結びつく能力を測定するという観点からすれば、やはりその行動の背景にあるエネルギーにも十分な注意を払う必要があることはおわかりいただけるだろう。

とりわけ、コンプレックスが不安を生み、その不安が行動の背後に見え隠れしているような受験者については、その点をよく観察することが重要だ。

具体的には、コンピテンシー面接において、次のような点に注意し、ネガティブチェックをするとよい。

□意欲を語る一方で、行動事実が出てこない受験者に気をつける

こちらが行動事実を尋ねているのに、「あれをしたい」「これをしたい」といった回答ばかりが返ってくる場合、前記した「同一視」があらわれている可能性がある。やってもいないことについて、すっかりやったような気になって話をする人は、要注意である。

□行動事実が出てこないとき、「なぜやらなかったのか」と聞いてみる

コンプレックスをかかえている人は、過去に行動事実がないことについての言い訳に、非常によくその特徴が出る。具体的には、「やっても意味がないからやらなかった」という反動形成や、「誰々のせいでできなかった」という投影のような反応がストレートに出やすいのだ。こうした人は、要注意である。

いずれにせよ、コンピテンシー採用の実践においては、コンピテンシーの測定、評価と、受験者のパーソナリティーをチェックすることが不可分の関係にあることを、常に意識しておく必要がある。

コンピテンシー採用は、その人が持つコンピテンシーとパーソナリティーの両者がワンセットになったときにはじめて、採用システムとしてうまく機能するのである。

あとがき

日本が、そしてわれわれが、活力を回復するためのキーワード。

それが「コンピテンシー」――。


ヒューマネージという会社は、1988年の創業以来、大手企業を中心とする千数百社以上の顧客に対して、新卒採用のコンサルティングやアウトソーシングサービスを毎年、提供している。そうした意味で新卒採用に関しては相当の経験と実績を有するプロ集団であると自負している。


多くの企業とお付き合いを重ねるなかで、ある時期を境に、人事部門の採用担当者から、

「優秀な人材を採用しているはずなのだが、配属した現場からは、どうしてあんな奴を採用したのだ、と苦情が出て困っている」

という声を聞く機会が急増した。

それは、ちょうど、大企業の倒産が相次ぎ、不況が一段と深刻化した1990年代の後半頃からであった。経営環境が厳しくなり、業績がなかなかあがらないなかで、現場は今まで以上に『即戦力』となりうる人材を求めるようになっていた。ところが、そうした人材ニー

ズの変化に対して、従来型のアセスメント手法が対応できなくなっていたのである（当時、ヒューマネージはまだアセスメント手法のコンサルティングには積極的に関わっていなかった）。

その一方、不況が一段と深刻さを増すなかで、学生にとっても〝超氷河期〟といわれる就職難の時代がやってきた。学生は、就職活動に入ると、まずは企業の採用面接対策に一斉に取り組み始める。

特に、面接や採用試験のマニュアル的な攻略本が、リクルートスーツと並ぶ就職活動の必須アイテムとなり、

「こう尋ねられたら、こう応じろ」
「こう突っ込まれたら、こう切り返せ」

などのテクニックを丸暗記し、面接に臨むのである。

もちろん企業側も学生側のそうした手の内を承知のうえで、その嘘をいかに見破るかに力を注ぐようになった。こんなことをいうと失礼かもしれないが、私にはこうした両者の姿は、〝狐と狸の化かしあい〟に見えた。企業側は、学生の嘘を見破ることばかりにエネルギーを

使い、面接の本来の目的を見失っているように思えた。

また、学生側も、人気の高い、いわゆる有名ブランド企業に入ることばかりに腐心し、自分がどんな人間であり、どんな組織で、どんな仕事をしたら幸せになれるのか、真剣に考えているとは思えなかった。


こんなことをしていると、企業も、学生もお互いに活力をどんどん失ってしまうのではないか……私は、新卒採用の現状に対して、そのような危惧を抱くようになった。そんな矢先に出会ったのが、ワトソンワイアット株式会社（現・タワーズワトソン）という人事・組織コンサルティングファームの川上コンサルタントだった。

川上コンサルタントは、『コンピテンシー』という概念を新卒採用に活用するまったく新しい考え方と手法を私に提案してくれ、われわれは、コンピテンシーを中心にした新卒採用の考え方、アセスメント手法を広める事業を共同で始めることになった。そして、この事業を始めて10年以上経った現在、コンピテンシー採用を導入した企業の方々から、

「本当によい人材が採れるようになった」

という声が多数寄せられるようになったのである。

この本には、人事部門の採用担当者の方々に役立つ内容を盛り込んだつもりである。ただし、採用は、人事だけの仕事ではない。特に、新卒採用は、企業の10年後の競争力を決める中核的な人材の獲得プロセスであり、経営者の方々にもこの本を通じて、その重要性を改めて見直していただければと思う。

また、成果主義の導入が着実に進むなかで、これからはどのような人材が求められるのか知りたいと思われているビジネスパーソンにも、この本は、自分を見つめ直すための新しい視点をきっと提供してくれるはずである。

そしてもちろん、これから就活をはじめる学生の方々にも、この本をぜひ読んでもらえればと思う。

ただし、これは、就活対策本ではない。

したがって、就職試験直前に面接対策のために読んでも、あまり役に立たないかもしれない。けれども、目的を持ち、その達成のために考え、行動することでコンピテンシーを普段から磨いていれば、就活対策本など読む必要はなくなる。そして、小手先のテクニックではない、本当の実力を身につけることで、自信を持って面接に臨むことができるようになるはずである。

コンピテンシーを理解することは、考えて、行動する、という当たり前のプロセスを積み重ねることで、成果を創出できるということを自らの体験を通して知ることだといえる。このプロセスは、本来楽しいものであり、そこから得られる喜びこそがわれわれの活力の源であるはずだ。

長引く不況のなか、われわれはとかく本質を見失い、場当たり的な行動に走り、その結果、活力がますます失われてしまっているのではないだろうか。

日本、そしてわれわれ一人一人が本来持っているはずの活力を回復するために、この本を通じて、コンピテンシーについて一人でも多くの方に関心を持っていただくことを願っている。

株式会社ヒューマネージ　齋藤　亮三

【著者紹介】

川上 真史 （かわかみ しんじ）

タワーズワトソン　組織・人事部門ディレクター。

京都大学教育学部教育心理学科卒。産業能率大学総合研究所研究員、ヘイコンサルティンググループコンサルタントを経て、97年4月より現職。早稲田大学文学学術院心理学教室非常勤講師（03年4月～09年3月）、ビジネス・ブレークスルー大学・大学院専任教授、株式会社ヒューマネージ顧問を兼任。

コンピテンシー理論に基づくコンサルティング・人材アセスメントの実践などの活動や、講演、セミナー、日経ビデオ、PHP通信教育での著作など、幅広い分野での活動を行なっている。

『コンピテンシー面接マニュアル』（弘文堂）、『自分を変える鍵はどこにあるか』（ダイヤモンド社）、『のめり込む力』（ダイヤモンド社）など多数の著書がある。

齋藤 亮三 （さいとう りょうぞう）

株式会社ヒューマネージ　代表取締役社長。

慶應義塾大学卒業後、総合商社の日商岩井（現　双日）に入社。1999年にアトラクス（現　NOC日本アウトソーシング）へ出向、その後、取締役副社長に就任。2004年、適性アセスメント事業及びEAP事業を分社化し、現在のヒューマネージを設立、2007年、マネジメント・バイアウト（MBO：Management Buyout、経営陣による会社買収）を実施して独立する。アトラクション&リテンション（A&R：人材の「採用」と「定着」）の観点から実践的なソリューションの提供を目的とした独自の人材サービス事業の創出に取り組む。

主な著書に『コンピテンシー面接マニュアル』、『ストレスマネジメントマニュアル』、『A&R新卒採用マニュアル』（弘文堂）がある。

産業・組織心理学会会員、日本EAP協会正会員、日本産業ストレス学会会員、日本産業衛生学会会員。日本人事テスト事業者懇談会会員。

できる人、採れてますか？

平成16年２月28日　初版１刷発行
平成24年２月15日　同　５刷発行

著　者　川上真史・齋藤亮三

発行者　鯉渕　友南

発行所　株式会社　弘文堂　101-0062 東京都千代田区神田駿河台１の７
TEL03(3294)4801　振替00120-6-53909
http://www.koubundou.co.jp

装　幀　青山修作

印　刷
製　本　図書印刷

ISBN4-335-45022-2